それいけ
避難小屋

HASHIO UTAKO
橋尾歌子

山と溪谷社

それいけ避難小屋

CONTENTS

INDEX

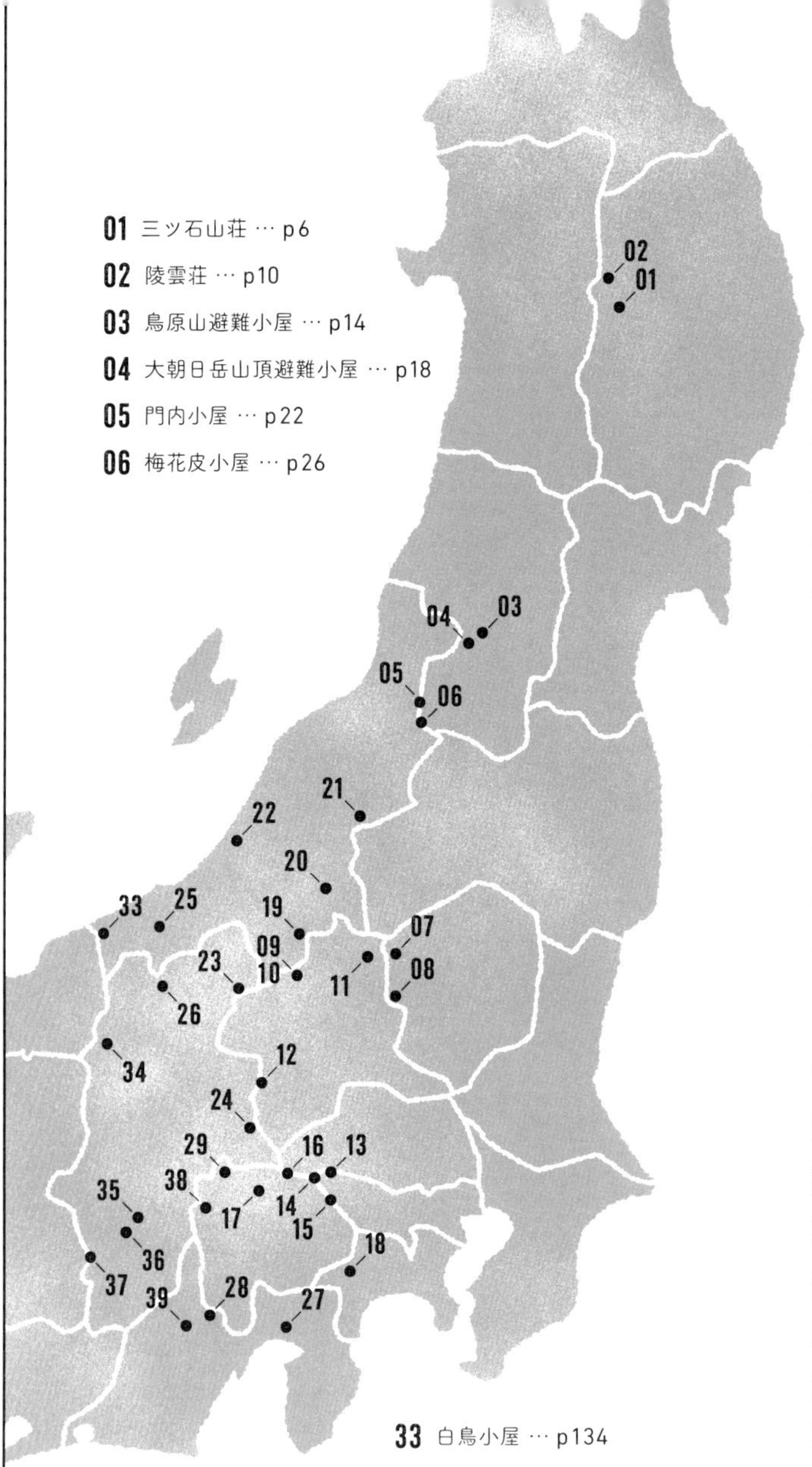

01
02
03
04
05
06
07
08
09
10
11
12
13
14
15
16
17
18
19
20
21
22
23
24
25
26
27
28
29
33
34
35
36
37
38
39

本書の使い方

・本書は橋尾歌子が訪ね歩いた避難小屋（無人小屋）を紹介するものです。
・避難小屋とは、悪天候などの非常時に避難、休憩、宿泊するための山小屋です。緊急時以外の使用を禁止している小屋、通年無人開放している小屋、限定された期間のみ管理人が常駐している小屋などがあります。避難小屋使用においては、一定のマナーやルールが求められます。詳細はp210を参照してください。
・小屋の間取りや状況、登山道などの様子は、取材当時のものです。
・イラストという特性のため、間取りなどは正確なものとは限りません。適宜、省略やデフォルメを加えています。

DATA欄について

所在地：避難小屋の位置および小屋までのアクセス方法。基本的に山中にあるため、小屋に行くためには一般的な登山技術が必要です。場所によりクライミング等の技術が必要なこともあります。所要時間は大まかな目安です。
収容人数：避難小屋の特性上、収容人数以上の宿泊者がいる可能性があります。
管理：無人の場合も利用料などが必要な場合があります。
水場：季節によって涸れることがあるので注意。
トイレ：ない場合は携帯トイレの持参を。
＊DATA欄の情報は2018年7月時点のものです。

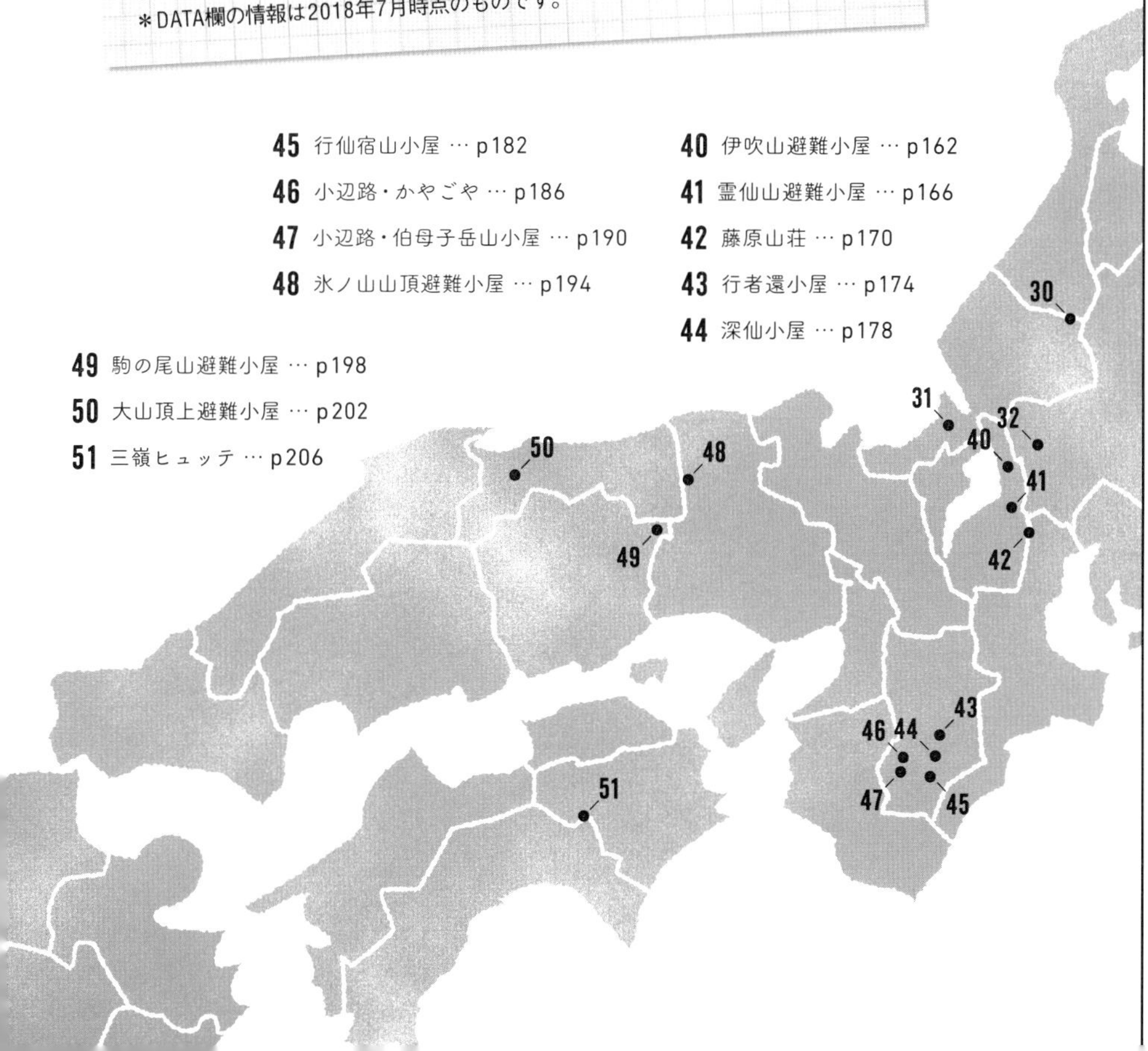

東北
裏岩手

MOUNTAIN CABIN

NO.01

三ツ石山荘

2014.10.10

八幡平と岩手山を結ぶ裏岩手連峰
櫨の紅葉きれいだったなぁ…。
三ツ石山荘は
静かーな三ツ石温原に立つ。
八幡平
1613m
アスピーテライン
畚岳
スタート
松川温泉
嶮岨森
関東森
大松倉山
三ツ石山
1466m
岩手山 2038m
葛根田川
滝ノ上温泉
スキー場
網張温泉
初代の小屋をつくる時は
裏岩手山岳会が丸太を運搬
1人だいたい
70〜80kgを運ぶ
大キャラバン隊だったとか。
ひぇ〜。。
網張温泉
おっきすぎでしょ
友人登山ガイドの
"ユッキー"
渡邉幸子と
やってきた。
クロカンのコースになってる。
3.7km
三ツ石登山口
松川温泉の登山口から
すごく
根曲りした
ブナとか
好きでなったのではありません……。
やりすぎじゃね？
おいしそう
てかてか
ナメコらしき
キノコとか
あったよ。
小屋には先客が。
写真を撮りに来たおじさん
三ツ石山からだと
大松倉山から
日が昇るんです
岩手山
三ツ石山
1466m
翌朝三ツ石山から
裏岩手縦走をスタート。はるばる来たぜ東北！
お月様も大松倉山から昇ってきた。
この夜は満月……。
お金がたまりますように!!
願いが叶いますように!!
満月に向かって
サイフを振ると
お金持ちになるらしい。BYユッキー
ほんまかいな？いやそんな…。
やさしい？

MOUNTAIN CABIN NO.01

三ツ石山荘

歌子はん、東北の山に行かない？　夏の終わり、友人の登山ガイド、ユッキーから電話があった。

ちょうど紅葉のころに行きたいと思っていたのだ！　彼女は来年秋のガイド企画の下見に行きたいと言う。ちょうどいいやん！　一緒に行こ～。

岩手《いわて》山から八幡平《はちまんたい》へ連なる裏岩手連峰は、うっそうとした森のそこここに湿原や池塘が点在し、なだらかな山並みが広がる。「裏岩手山岳会」（旧裏岩手山岳スキー協会）は、その岩手山裏側の開拓、整備伐採を目的に1946年に結成された。

農繁期の合間を縫って、3年越しでヤブを刈り、裏岩手の縦走路を開通したのが51年10月4日。開通後、作業中にキャンプを張った場所に避難小屋の建設を提案した。地元松尾村（現八幡平市）が小屋建設を決め、裏岩手山岳会のメンバーが1カ月かけて網張から資材を運搬し、その後1週間で三《み》ツ石《いし》山荘ができた。初代会長の故長沢新一さんの著書『山男達が歩いて来た道』に、当時の様子が書かれている。

53年に建てられた初代の小屋は登山者の失火により71年に全焼。その後建

DATA

所在地●裏岩手連峰稜線上、三ツ石山（1466m）と大松倉山（1408m）の鞍部の三ツ石湿原（1280m）。北北東の松川温泉から2時間30分。南側の滝ノ上温泉からもほぼ同じ時間で行ける。松川温泉までは盛岡駅から大更駅経由2時間
収容人数●20人
管理●通年無人、無料
水場●滝ノ上温泉方面へ80mの場所にあるが、涸れることが多いので持参したほうがよい
トイレ●小屋内にあり
取材日●2014年10月10～12日
問合せ先●八幡平市役所商工観光課☎0195-74-2111

てられた2代目は、老朽化により2004年に解体し、現在の三ツ石山荘は3代目だ。

JR大更《おおぶけ》駅からバスに揺られること1時間。車窓に見える流麗な岩手山は、少しずつ形を変えていく。登山口の松川温泉は、紅葉真っ盛りだった。

階段がついた登山道を進んでいく。落ち葉を踏みしめ紅葉した森を抜けると、アオモリトドマツの森に入り、やがて笹ヤブの中の木道を歩く。右手に三角形の三ツ石山が見えると、静かな湿原の真ん中に山荘が立っていた。

山荘には地元に住むおじさんが先に来ていて、明朝、三ツ石山山頂からの日の出の写真を撮るために来たのだと話した。年賀状に使おうと何度か来ているが、このあたりは霧が多く、なかなか撮れないのだそうだ。

内部には立派な薪ストーブがある。おじさんは床のハネ戸を開け、地下室から薪の入った籠を持ってきた。「夏から何度か運んできたんです。すぐにあったかくなりますよ」。そう言うとストーブに薪を入れ、慣れた手つきで火をつけた。じんわり寒かった小屋の中はあっという間に暖かくなった。

翌朝、私たちがまだ寝ている間におじさんは山頂へ写真を撮りに行った。戻って来てから尋ねると、この朝の山頂もガスがかかり、きれいな日の出の写真は撮れなかったのだそうだ。三人で掃除をしたあと、おじさんは下山し、私たちは三ツ石山から八幡平に向かった。楽しい夜だったなぁ。

きれいにしとくと
みんなきれいに使うよ。
BY おじさん

MEMORIES

この前年に、葛根田川の沢登りに行き、あのあたりを、ゆっくりと歩きたいなと思っていた。小屋で会ったおじさんは、お昼頃に家を出てきたと話した。山ごはんはいつも身欠きニシンとフランスパンだって言っていたなぁ。

MOUNTAIN CABIN

NO.02 陵雲荘

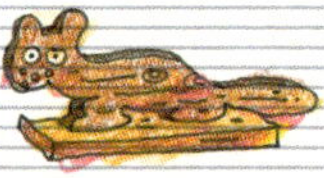

2014.10.11

松川温泉から登り、三ツ石山へ。
小畚山
うわ〜初東北の山頂!
広い〜なんかなぁ ユーミンが小ギーさが見える!!
三ツ石山 1466m
陵雲荘
後生掛温泉
蒸ノ湯温泉
八幡平1613
源太森
八幡沼
玉川
畚岳1578
諸桧岳1516
嶮岨森1488
大深山荘
大深山
北ノ又川
松川温泉
松川
関東森
小畚山
三ツ石山1466
三ツ石山荘
岩手山2038
葛根田川
岩手山〜八幡平の間
なだらかに広がる山々…。
はははは…
お互い様じゃ〜ん
153cm
152cm
登山ガイドの渡邊幸子こと ユッキー!
え〜ん?
たらり〜んとした登山道…。
沼なんかあって…。
ふり返ると岩手山
…とユッキー。
畚岳まで来ると岩手山は遠くなる。
ところで畚って何じゃらほい?
もっこ
もっこ
これだって
エッ ボ
エッ ホ
とりあえず「もっこ」のポーズ。
大深山荘には登山者がいっぱいでした。
翌朝八幡平の山頂へ…。
真新しい深田百名山の碑が。
設置日2014年10月10日。
八幡平
まじで!?
おとと〜い?
その後
ど〜ぞ
温泉のはしごしたよ。

MOUNTAIN CABIN

NO.02

陵雲荘

友人の登山ガイド、ユッキーと初めて訪れた裏岩手《いわて》連峰。前夜、三《み》ツ石《いし》山荘で一泊し、この日は三ツ石山から北上して、大深《おおぶか》山、嶮《けん》阻森《そもり》を経て、八幡平《はちまんたい》にある陵雲《りょううん》荘まで歩き、その翌日、八幡平の山頂まで行ってから温泉に入ろうという計画だ。

１９５６年7月、十和田国立公園に八幡平エリアが編入され、「十和田八幡平国立公園」となったのをきっかけに、岩手県によって周辺登山道と避難小屋の整備が始まった。57年に建てられた初代の小屋は老朽化により一度建て替えられた。2代目の小屋も２００２年に解体され、翌03年7月に今の小屋ができた。この時期、岩手山の噴火騒ぎがあったので、整備されたのかもしれないが、資料にその記述はない。

陵雲荘の陵は「墓」の意味。もともとは「凌雲荘」だったようだ。それが時には「稜雲荘」に変わり、いつしか「陵雲荘」が正式な名前となった。

三ツ石山の山頂にはその名のとおり、3つほど石を積んだような塊があり、これから歩く裏岩手の山々が広がっていた。振り返ると岩手山が大きくそびえ、その右には遠く秋田駒《あきたこま》ヶ岳や乳頭《にゅうとう》山がかすんでいた。う〜ん、これこれ。

DATA

所在地●岩手と秋田の県境にある八幡平（1613m）山頂の東南500mにある八幡沼畔（1570m）。裏岩手連峰東の登山口、松川温泉から2日。八幡平頂上バス停からは石畳の道を15分

収容人数●20人

管理●通年無人、無料

水場●なし。八幡平頂上バス停付近で汲むとよい

トイレ●小屋内にあり

山行日●2014年10月10〜12日

問合せ先●八幡平市役所商工観光課☎0195-74-2111

この、どこまでもたらり〜んと広がる山々を見たかったのだ。

進んでいくと沼や池塘が点在する。八幡平方面から来る登山者は思った以上に多い。途中の避難小屋、大深山荘にはお昼ごろに到着したので、山荘前のベンチでご飯を食べる人がたくさんいた。

最後のピークである畚《もっこ》岳から八幡平に下った。八幡平バス停の喧騒を抜けて、石畳を陵雲荘に向かう。その短い間に、草も森も八幡沼の水面もユッキーの顔も、なにもかもが夕日で赤く染まっていく。

小屋には盛岡、秋田、東京から来たそれぞれ単独の登山者と、秋田から来た4人のグループがいた。グループの中の一人は、毎年この小屋に来ていると話した。小屋のストーブでは、彼らが運んできた薪が赤々と燃やされ、リンゴの入ったホットワインをごちそうになった。あれからまた彼らはあの小屋を訪れたのかなぁ。

翌朝、広い高原の最高点のある八幡平の山頂に向かった。そこから湿原の中の木道を北上し、蒸《ふけ》ノ湯《ゆ》温泉へ。

あ〜やっぱり東北の山は温泉も入らにゃなぁ。温泉でふにゃふにゃに癒された私。もうほんまに満足満足。……と、ユッキーは、「後生掛《ごしょがけ》温泉にも行くで」と言うではないか。そりゃ入りたいけどさ、帰りのバスの時間が……。と、ごちゃごちゃやってたら、なんと！　親切な車が拾ってくれた。

MEMORIES

ユッキーは、少し前の冬にこのあたりに来たが吹雪で敗退し、今回の三ツ石山が初東北の山頂だった。温泉のはしごをし、鶏皮餃子を食べ、帰路の車中は、ラジオから流れる東北弁フォークソングを一緒に熱唱。声かれた。

MOUNTAIN
CABIN

NO.03 鳥原山避難小屋

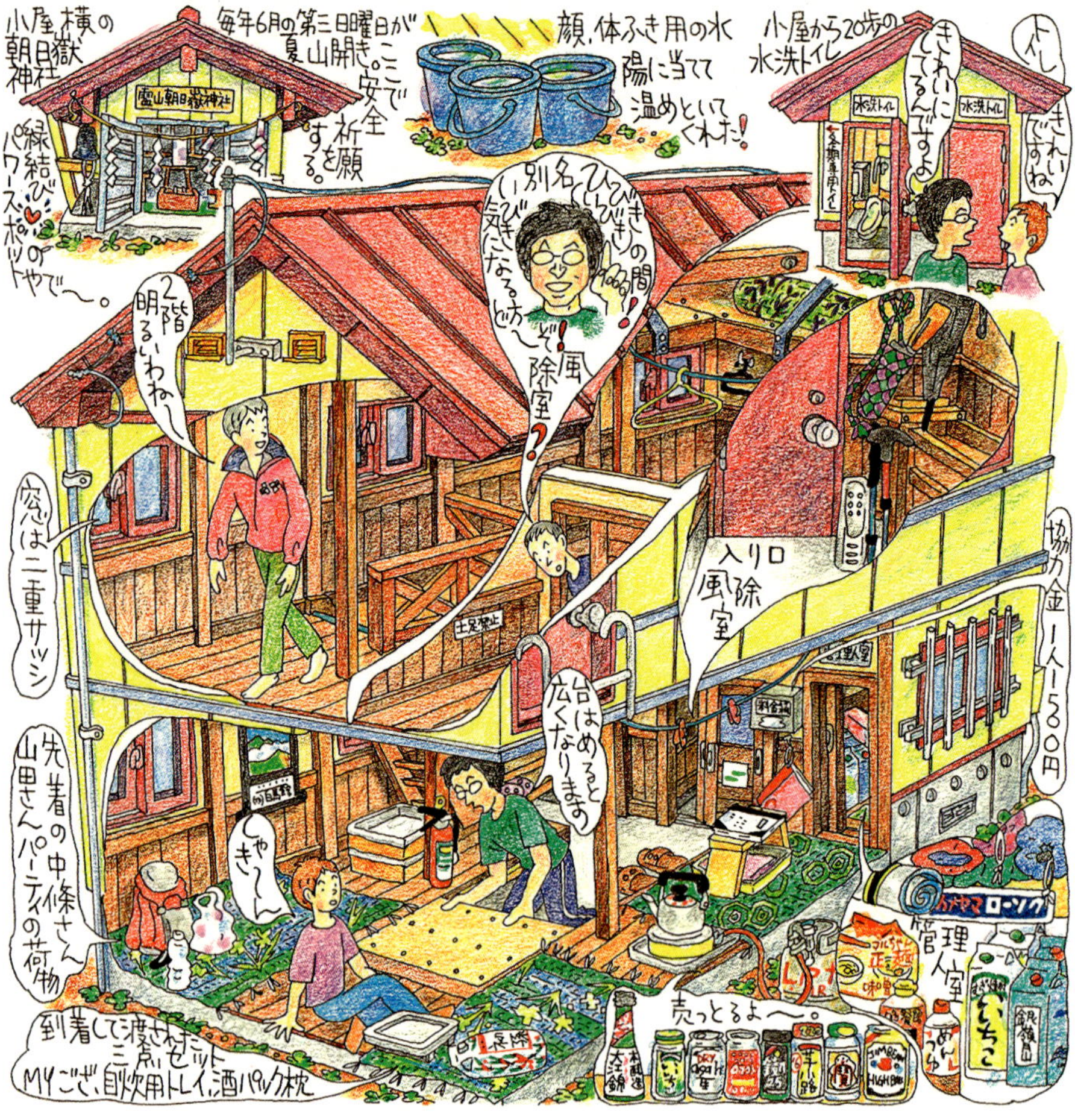

2016.8.6

古寺鉱泉から。
お昼過ぎてくもた…。下山してきた人も。
朝日鳥原山避難小屋出て大朝日岳往復してきました
東京からバイクで来た橋本さん
早いですね〜
南北に広がる朝日連峰の南の入り口…。
山形県鶴岡市
西川町
新潟県
村上市
寒河江川
大江町
鳥原山避難小屋
古寺鉱泉
田代清水
古寺山 1501
西朝日岳
中岳
大朝日岳 1871
朝日鉱泉
朝日川
小国町
荒川
祝瓶山
御影森山 1534
朝日町
ブナの森を進んでいく。
いや暑い暑い…。
ひー
倒れたまま伸びる奴も。
そのせい？田代清水は…。
ちょぼちょぼ…
よっ
巨大トンボがっっ!!
尾根分岐で突如湿原が…。
ケケケ。
おかしいな…1、2、3ぐるぐる20をキツネにばかされとる？さっきのトンボといい…
ケキョケキョケキョ…
1.2.3.4…
よし！
鳥原小屋まであと30分
鳥居をくぐって…。
鳥原山避難小屋へ。
お疲れさま〜
遅かったですね〜どしたの？
小屋番の鈴木正典さん
スーさん
先着の中條さん＆山田さん
いやちょっとキツネに…
小屋横の朝日嶽神社にお詣り。
5時になって…。
今日も場所をお借りしください
二礼二拍手
え？
後で到着した塚田さん
…という訳で、神社で！
スーさん、おうどんウマかったっス。
おめでとうございます！
はい！山形名物の…
今日で名山300踏破したんです
ひきずりうどんです
正解
ゆきずりうどん!!
卵・納豆・さば水煮、ねぎ、正油　乾麺がベストだそう。

MOUNTAIN CABIN
NO.03

鳥原山避難小屋

古い友人であるスーさんこと鈴木正典さんが、夏に小屋番をしている鳥原《とりはら》山避難小屋。朝日《あさひ》連峰には行ったことがないし、久しぶりにスーさんに会いたくなった。

広い湿原のすぐそばにある鳥原山避難小屋が立つのは、朝日連峰の守り神である朝日嶽神社の敷地内だ。昔から神社の祠には登山者が集っていた。

戦後の登山ブーム最中の１９０５年、山形県によりここに初代の小屋を建設。老朽化で86年9月に2代目の小屋に改築され、２００３年11月に現在の3代目の小屋が完成した。

利用者が増えたので、2代目の小屋の完成直後から、山形県朝日町が地元の朝日山岳会に管理を委託。初代小屋番の松田庄司さんは、70歳まで管理をしたが、その後は代々朝日山岳会の会員が小屋番をしている。ヒマラヤ登山を続けていたスーさんも山岳会の会員で、不定期に小屋仕事を手伝っていたが、04年1月にネパールのローツェ（８５１６m）冬季南壁登攀の遠征から帰国後、同年から小屋番をしている。

古寺《こでら》鉱泉の駐車場はほぼ満杯。到着が遅くて、下山してくる人の姿も。そ

DATA

所在地●朝日連峰の南にある鳥原山（1430m）から東に500mの鳥原湿原のほとり（1340m）。古寺鉱泉登山口から3時間。小屋から鳥原山までは20分、大朝日岳までは4時間20分
収容人数●50人
管理●夏季（7月半ば～8月半ば）のみ管理人が常駐。管理協力金として1500円ほか、トイレ使用料を支払う
水場●小屋近くにあり
トイレ●別棟にあり
取材日●2016年8月6～8日
問合せ先●山形県朝日町役場総合産業課☎0237-67-2111

のなかの一人、橋本さんが「暑いですよ〜」。汗だくになりながら歩いた。ブナの森の登山道を進んでいく。時折、木の葉の間から古寺山に延びる向かいの尾根が見えた。森は深くなり、強い日差しに照らされた木々の葉は、小さな夏の花やキノコの上に黒い影を落とす。遠くからポポッポポッと、ツツドリの声が聞こえていた。

尾根の分岐に着くと、突如湿原が現われた。カエルの声がケロケロと聞こえ、ウグイスも鳴いている。たくさんの生物が暮らす楽園だ。

分岐の道標に「鳥原小屋　あと365歩ガンバレ！」とあったのに、数えながら進むと、途中で見つけた水辺の花やらに気を取られるせいか、暑さのせいか、どうしても365歩に近づかない。そのまま小屋に到着した。

小屋では、スーさんが小屋周辺を案内してくれ、神社の中で5時になった。スーさんの勤務時間は終了し、「〽今日もこの場所をお借しください」と祝《のり》詞《と》のようなものを唱える。え？　まさかここで宴会？　この日宿泊客少なかったからね。いっぱい飲んだなぁ。

翌日、私は大朝日岳へ。帰りにもう一度小屋に寄ると、スーさんは荷上げのために下山中でお留守だった。な〜んだ。と、そこへ一人の登山者が。かくかくしかじか話すと、「あ！　知ってます。ヤマケイの避難小屋の連載ですよね。読んでますよ。確か……」

MEMORIES

スーさんとは、昔ヒマラヤ遠征の壮行会や、報告会でよく飲んだ。でも再会するまでどうしても顔が思い出せなかった。記憶がなくなるまで飲んでいたせいか、記憶がなくなったのか。スーさんはどう思っていたんだろう……。

MOUNTAIN CABIN

NO.04 大朝日岳山頂避難小屋

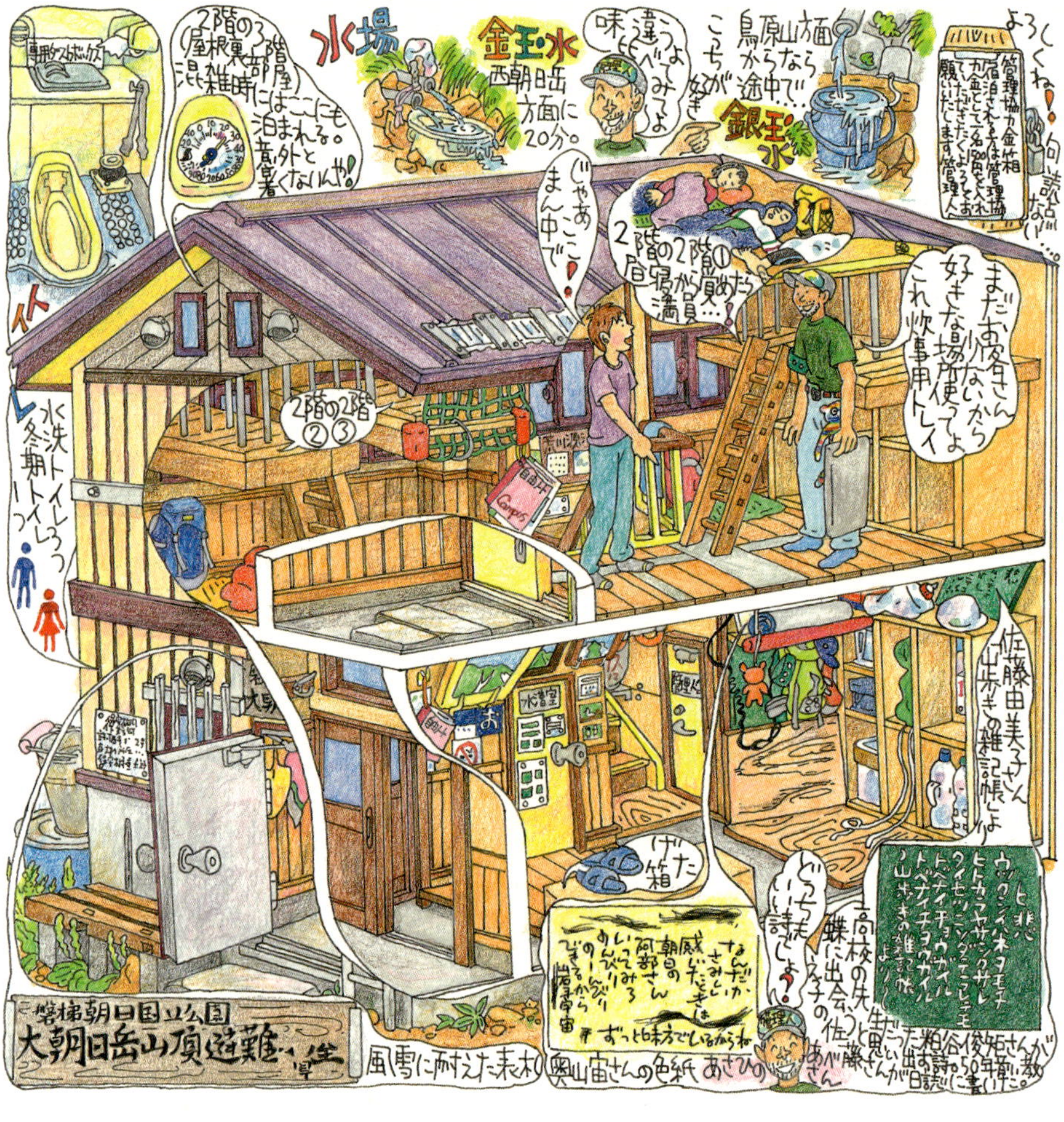

2016.8.7

小朝日岳を経て・・・・。
すかーーーん
すばらしい天気!!
朝日連峰の・・・。
山形県鶴岡市
大朝日岳山頂避難小屋
寒河江川
西川町
出谷川
大鳥池
天狗角取山
根子川
古寺川
古寺鉱泉
畑場峰
朝日町
相模山
大上戸山 1429
寒江山 1695
竜門山 1688
西朝日岳
金玉水
古寺山
小朝日岳
鳥原山
鳥原山避難小屋
銀玉水
大朝日岳 1871
中ツル尾根
岩井沢
朝日川
荒川
祝瓶山
小国町
葉山
途中、銀玉水がうまいと聞いて・・・。
でしょ?
朝、鳥原山避難小屋を出発し・・・。
大朝日岳山頂避難小屋へ!
管理人の阿部吉太郎さんがいて・・・。
よ〜こそ!
マントひるがえしてるのかと・・・。
その猿は?
おのくん 宮城県小野駅前応急仮設住宅のキャラクター。
大朝日岳の山頂には
千葉の一歩会のメンバーが・・・。
これからお茶作ります
夕方、お酒&カレー&スケッチ。
なんか忙しい・・・。
おっ ハートの雪渓・・・ ラブの前ぶれ?
部屋のお隣さんは
酒田西高校の山岳部のメンバー。
勉強してる・・・古文。
中ツル尾根長いですから・・・。
おはようございます
O・Y・G
も一回寝るでしょ
するどい・・・
気いつけて早いですね〜
翌早朝、
彼等を見送ってから
下山しました。

MOUNTAIN CABIN

NO.04

大朝日岳山頂避難小屋

朝《あさ》

日《ひ》連峰南部の鳥原《とりはら》山避難小屋に1泊し、大朝日岳に向かった。この日は大朝日岳山頂避難小屋に宿泊予定だ。

１９２９年、東北電力の前身である山形電気がここに御神体を祀り、小屋を建てた。この場所は複数のルートの交差地点であるので、59年に山形県が避難小屋を建設。一度改築をし、山形電気の小屋から数え4代目となる現在の避難小屋は、99年に建てられた。

その少し前の93年から、大江町は地元の大江山岳会に管理を委託。管理人である阿部吉太郎さんは、不定期に小屋仕事を手伝っていたが、先代管理人が85歳で引退し、自身も定年退職したことで、２００８年から管理人を続けていた。残念ながら17年春に引退し、18年からは新たな管理人さんに交代する。発破士であった阿部さんは、管理人になり、「自然の中で役に立ちたい」という子どものころからの夢を叶えた。大朝日岳に来る登山者は、縦走、沢登り、山菜やキノコ採り、スキーなど、さまざまなスタイルだ。そんな人に喜んでもらい、安全に帰ってもらうため、「朝日に関しては何でも聞いて」と言えるようになりたいと言っていた。

DATA

所在地●朝日連峰南部、大朝日岳（1871m）の北側、山頂肩（1785m）。古寺鉱泉から鳥原山避難小屋経由で7時間。小屋から大朝日岳山頂まで15分

収容人数●70人

管理●夏季（6月第3日曜～10月半ば）は、管理人が常駐。管理協力金として1500円を支払う

水場●小屋から中岳方面に20分の金玉水。鳥原山方面から向かう場合は、銀玉水で汲んでおくとよい

トイレ●小屋内にあり

取材日●2016年8月6～8日

問合せ先●山形県大江町役場政策推進課☎0237-62-2111（代表）

鳥原山避難小屋から、鳥原山を経由し、小朝日岳山頂に到着した。北側遠くに月山《がっさん》が霞み、西側には真っ青な空をバックに、大朝日岳がそびえる。山頂右にちょこんと小屋も見える。一度峠に下り、登り返した後は、気持ちのよい稜線歩きになる。高山の花が揺れていた。

小屋に着くと、管理人の阿部さんが外でお客さんと話していた。前日、小屋に入りきれない宿泊客用に、テントを3つ張った。テント用のブルーシートが、物干し台で翻っている。私が第一声で「その猿は？」と聞いたおのくんは、宮城県の小野駅前仮設住宅のマスコット。以前、おのくんを持った友人が大朝日岳に登頂し、ブログで拡散して以来、おのくんつながりのつきあいが広がった。

2階の客室で荷物を下ろして山頂へ。千葉の一歩会のメンバーがにぎやかに鍋の支度にとりかかるところだった。

戻ってきて昼寝から目が覚めると、客室は超満員。私の隣では酒田西高校の山岳部のメンバーと顧問の先生がミーティングをしていた。夕食後に少し話すと、大鳥池から3日かけて縦走してきて、翌日は中ツル尾根を下山するという。いいなあ。私も全山縦走してみたいものだ。

たくさんの出会いがあった。帰宅後、私もおのくんを注文。それを見るたびにまた朝日連峰に行きたいなと思う。

朝日連峰の思い出、
宮城県のおのくん。
in my 車.

MEMORIES

初めて行った朝日連峰。たった2日の山行だったけど大満足。登山者が多くてびっくり。管理人の阿部さんとは、その後、朝日俣の沢登りを計画したが、なんやかんやで実現せず。大朝日にも行きたいがこっちも行きたい。

MOUNTAIN
CABIN

NO.05 門内小屋

東北
飯豊連峰

2013.8.26

炎天下の梶川尾根は
暑いのなんの…。
とける〜
五郎清水
門内小屋
スタート
天狗原
杁差岳
梶川峰
頼母木山
梶川尾根
門内岳
1887m
石転び雪渓
北股岳
梅花皮岳
飯豊山
大日岳
玉川
門内岳は
飯豊連峰のまん中あたり
管理棟の前で
高桑さんが待っていてくれた。
おせーじゃねえか
いや
いっぷくしてるんだ
マップ、ピンバッジ
てるてる坊主
飯豊連峰
門内岳登山地図
よく冷えた
ビール
あります
100円ショップで
買ってきたとか
ビール
のましてください
おまたせ
バイオトイレ
へ〜
前に20回
後ろに10回
がコン
がコン
がコーン…
「飯豊のジゴロ」田中正彦さん
真剣
桃むいてる
七味
久ぶりの
再会なのでした。
わたし？
会いたかった
ですー
待ってたの
いつの間にかごはんが!?

MOUNTAIN CABIN NO.05

門内小屋

高桑信一さんの著書『山小屋からの贈りもの』、読みましたか？2012年から、門内《もんない》小屋の小屋番をすることになった高桑さんが、初めての夏の生活を綴ったもので、これがめちゃくちゃおもしろい。13年夏も小屋番をしていると聞き、会いに行った。

高桑さんとの出会いは、『山と溪谷』の取材で11年に劔《つるぎ》岳の八《や》ツ峰《みね》に行った時。その後、房総半島の沢歩きに一緒に行き、会うのは1年以上ぶりだ。

飯豊《いいで》連峰の稜線には6つの避難小屋があり、そのうち門内小屋と頼母木《たもぎ》小屋を新潟県の胎内市が管理。ひとつの団体が管理するのは難しいので、中条山の会、下越山岳会、新発田《しばた》山岳会の地元山岳会が「飯豊・胎内山の会」を組織し、管理している。通年の営業小屋でないのは、夏場以外は極端に登山者の数が減るためだ。地元民ではない高桑さんが小屋番になったのは、飯豊連峰の精通者である亀山東剛《かめやまとうごう》さんの何げない誘いからだったそうだ。

山形県の長者原《ちょうじゃばる》の集落を過ぎ、登山口の天狗原から梶川《かじかわ》尾根を登る。やかましく鳴いていたセミの声は、登るにつれ少しずつ聞こえなくなった。稜線からは北側の杁差《えぶりさし》岳までが見渡せた。一面に広がる花畑の稜線、そこ

DATA

所在地●飯豊連峰・門内岳（1887m）直下の北側鞍部（1865m）。飯豊山荘から梶川尾根経由で6時間
収容人数●30人
管理●シーズン外無人。7月上旬～8月下旬のみ管理人が常駐。シーズン中のみ協力金1泊1500円
水場●テント場横の雪渓、小屋北東斜面の門内清水、小屋の天水タンクなど
トイレ●別棟にあり
取材日●2013年8月26～27日
問合せ先●胎内市役所商工観光課☎0254-43-6112

から落ちる尾根下に、うっそうとしたブナやミズナラの森が広がり、見渡すかぎり人工物は何もない。世界が止まってしまったように静かだった。

門内小屋に到着すると、管理棟の前に高桑さんが立っていた。この日の宿泊者は6人。全員単独行の男性で、南側の飯豊山から縦走してきた人がほとんど。小屋の外でビールを飲みながら談笑したり、宿泊棟の中でくつろいでいる。1階はみんながゆったり寝るにはちょうどいい感じだ。

別棟の管理棟には、飯豊・胎内山の会の田中正彦さんがいた。門内小屋の北にある頼母木小屋の修理に向かう途中で立ち寄ったのだ。豪雪地である飯豊の稜線の小屋は、冬には必ずどこかが壊れてしまう。会には建築関係のメンバーがいて、胎内市から委託を受けて仲間内で修理をしている。

そんなことをとつとつと話す田中さんを見ていたら、「この男、飯豊のジゴロって言うんだ」と高桑さんが言った。言われて思い出した。高桑さんの本に登場するモテ男だ。この朴訥な感じがその秘訣なのだろうか……。

ちゃぶ台の前に座ると、ふたりで手早く料理を作ってくれて、宴会に突入。やはり久々の再会はうれしい。外が暗くなったころ、「ここから見える夜景がいいんだ」と言われ、千鳥足で外に出た。新潟の街の明かりと、意外なほど近くに見える日本海に浮かぶ船の明かり。カメラを取り出す私に、高桑さんは「こんな夜景は写真に撮るよりもまた見に来なさい」と言った。

MEMORIES

連載を始める前に行き、高桑さんに避難小屋の企画のことを話した。「連載をするなら、ただ橋尾が行って帰ってだけじゃつまらんよ。小屋の歴史にも触れなきゃ」とアドバイスをもらった。これは本当にありがたかった。

東北
飯豊連峰

MOUNTAIN CABIN
NO.06

梅花皮小屋

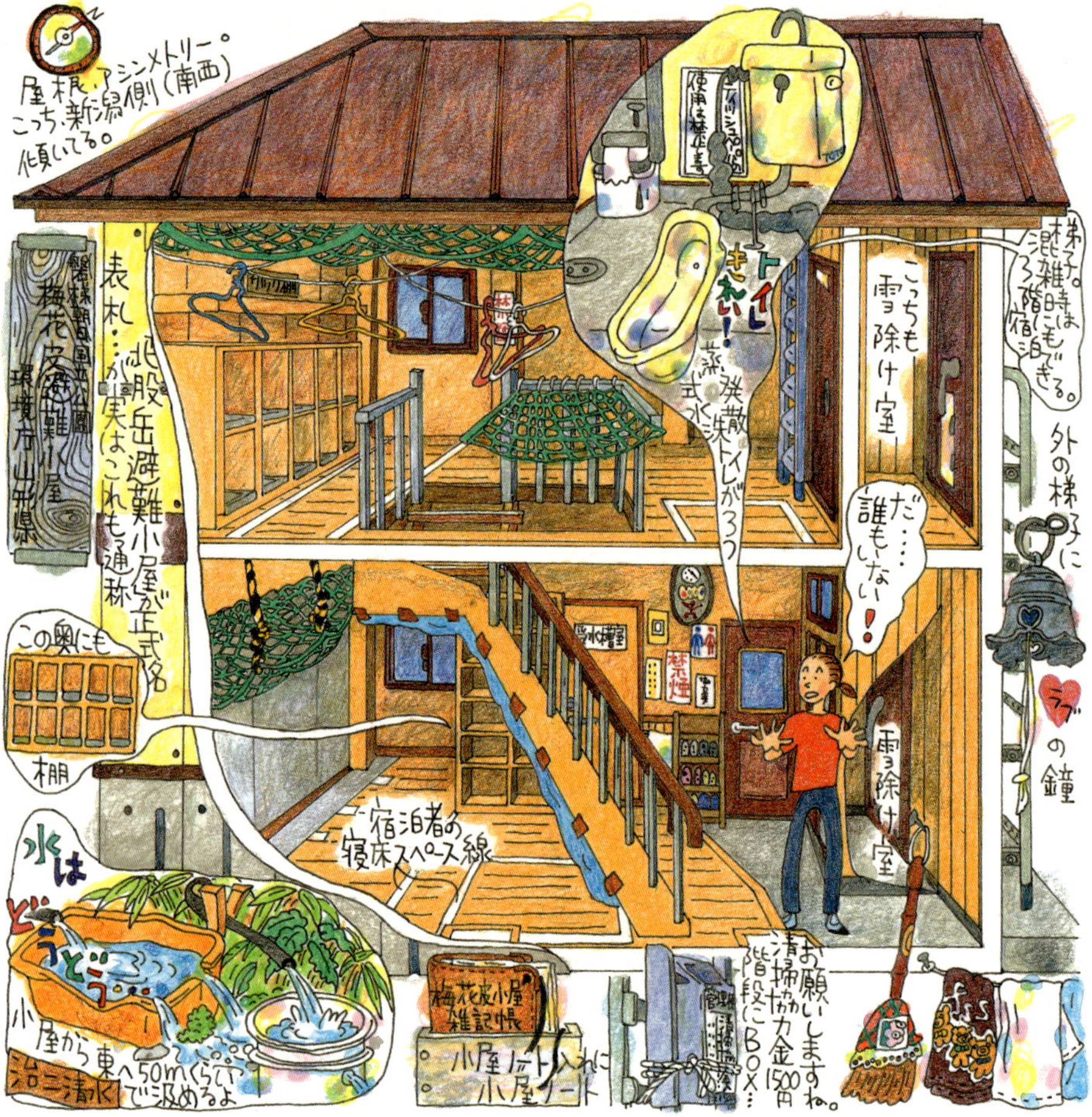

2013.8.27

夏の間、門内小屋で小屋番をしている
高桑信一さんを訪ね…。
飯豊胎内山の会の田中正彦さん
飯豊連峰のまん中、
縦走路と、2つの登山道の交差点。
梅花皮小屋
胎内川
1636 杁差岳
大石山
頼母木小屋
頼母木山
地神山 1850
門内小屋
門内岳 1887
北股岳 2025
梅花皮岳
石転び沢
飯豊温泉
山形県小国町
玉川
飯豊町
宝珠山
飯豊山 2105
御西岳
大日岳 2128
西大日岳
地蔵岳
三国岳
疣岩山 1654
福島県
喜多方市
胎内市
新潟県
加治川
新発田市
翌朝、私は北股岳方面へ。田中さんは…。
頼母木小屋の雨どい直してきます
転ぶなよ！
そうそう…これ梅花皮小屋管理人の関さんに渡しといてよ
よっしゃ！本の配達やね…
門内岳
北股岳
夜も朝もごはん作ってもろてもうた…
お花きれい!!
私は山のお本屋さん
でも管理人の関さんはお留守で…。
ま…まさかの!!
そこまでか…?
オーレン方面パトロール中
ドサッ
小屋前にいたら
梅花皮岳方面から…。
篠田伸一さん&桂子さん夫妻
1日違ってたらご一緒できたのに…
門内小屋の高桑さんに会いに来たんですよ お酒たくさんあるよ?
残念! Uターンしようかなぁ…
でもやっぱりUターンせず
石転び沢の…。
本置いてきた
この先の大岩にスズメバチの巣あるよ
長い雪渓を
下ってきて…。
ふ〜
飯豊温泉へ。

MOUNTAIN CABIN NO.06

梅花皮小屋

飯《いい》豊《で》連峰稜線の避難小屋は、夏の間、管理人が常駐し、登山道や小屋の整備・管理を行なっている。カメラマンで文筆家の高桑信一さんが、門内《もんない》小屋で小屋番をしているので遊びに行った。

高桑さんと久々の再会をし、飯豊・胎内山の会の田中正彦さんと3人で、それはそれは飲んだ。翌朝、高桑さんに見送られ出発。田中さんは北にある頼母木《たもぎ》小屋に向かい、私は門内岳南東の北股《きたまた》岳を越え、梅花皮《かいらぎ》岳との鞍部から石転《いしころ》び沢を下る予定だ。降り口の鞍部に梅花皮小屋が立っている。

1961年、山形県が初代の梅花皮小屋を建設。ここに小屋を作ったのは、この場所が縦走路と石転び沢、おういんの尾根が交差する鞍部だからだ。改築・改修をし、81年に2代目、99年に現在の3代目の小屋が完成した。小屋の正式名称は「北股岳避難小屋」で、通称が「梅花皮（避難）小屋」なのだそうだ。小屋の管理は、県が小国町に委託し、さらに小国町が地元の山岳会で組織された「NPO法人飯豊朝日を愛する会」に委託している。

門内岳と北股岳の間のギルダ原を歩いた。ゆる～い稜線にお花畑が広がり気持ちがいい。門内小屋を出発するとき、高桑さんに「梅花皮小屋の管理人

DATA

所在地●飯豊連峰・北股岳（2025m）と梅花皮岳（2000m）間の鞍部（1850m）。山形県側の飯豊温泉から梶川尾根、門内小屋経由で9時間30分。門内小屋からは2時間

収容人数●53人

管理●7月上旬～9月中旬は管理人が常駐。清掃協力金として1500円を支払う

水場●小屋から東約50mの治二清水

トイレ●小屋内にあり

取材日●2013年8月26～27日

問合せ先●NPO法人飯豊朝日を愛する会（井上邦彦）☎090-5846-1858、FAX0238-62-5411、iide@ic-net.or.jp

の関さんに渡してよ」と託された文庫本。関さんにお話を聞きやすくしてくれたか……。優しいじゃないかぁ！　梅花皮小屋に着き、「本、持ってきました～」と意気揚々と管理棟に行くと、入口ドアにお留守のメモ書き。関さんを待ちながら小屋の中を探索した。時間が早いせいか小屋の中は無人。でも夕方には登山者でにぎわったのだろう。

小屋の外に出ると、何人かの通過登山者が。梅花皮岳方面からやってきた荒池立一さんと話し始め、オススメの避難小屋を教わった。安達太良《あだたら》山や会《あい》津駒《づこま》ヶ岳、行ってみたい場所がいっぱいあるなぁ。続いて到着した篠田さんご夫婦と話すと、篠田さんたちも門内小屋の高桑さんに会うのが目的で、大日岳から縦走してきたそうだ。なんだ、ご一緒したかったなぁ。

関さんはなかなか戻らず、仕方がないので文庫本にメモを添えて残し、石転び沢を下った。お花畑の中の急な傾斜を過ぎると、雪渓に入る。石転び沢は、年によって、また時期によって様子が変わるようだ。

長い雪渓を下り、飯豊温泉につかった。たった2日の山旅だったけど楽しかったなぁ。出会いもあった。もう一度会える人はいるやろか……。

そんな記憶も薄れかけた3カ月後。友人の計画に混ぜてもらい、タイ南部のプラナンへクライミングに出かけた。友人以外はほぼ初対面の人ばかり。現地で仲間に紹介されたとき、ずっこけるほど驚いた。

MEMORIES

門内小屋から縦走してここまで来た。高桑さんに「ぜひ話を聞いたら」と言われた関さんには、いまだに会えていないけど、現役マタギでもある関さんに、高桑さんを通じて木のワカンを作ってもらった。ふふふ、いいだろ。

MOUNTAIN
CABIN

関東
日光白根山

NO.07 五色沼避難小屋

2015.5.8

この山
深田久弥が読んだ昔の文献に
「……節くれ立った老船頭が
肩肌脱ぎて沖行く船を
眺めて突立つように…」
ってあったとか。
うーん…
久弥
意味わからないんですけど…？
おいといて
深田百名山のひとつ
日光白根山。
群馬県
片品村
丸沼
菅沼
菅沼
五色山
2379m
座禅山
金精山
弥陀ケ池
栃木県
日光市
奥白根山
2578m
五色沼
前白根山
男体山
2484m
五色沼避難小屋
中禅寺湖
雪がとけ始めた夏道は
けっこう大変。
倒木
またいだり
よいしょ…
あうう
枝にアッパーカット
くらったり
ビシバ
ひゅん
先っぽが
埋まった枝
そんで
泣いたり
いた〜ん
弥陀ケ池まで来ると目の前に奥白根山が…
五色山方面から
登山者がやってきた。
熊いたんで
びっくりして…。
千葉の
西山さん
だから
これ、熊鈴代わり。
空き缶に鍵が当たって
カンカン鳴る。
ナイス!!
静かやな
五色沼は幻想的〜。
わ
がら
静まり返った小屋に到着。
着いたと同時に中から人が。あーびっくりした…。
Mt. Men's Bodyって
説明したら？って顔された。
男体山
へー…
ハンガリーって
どこにあるん？
ハンガリーの山って標高1000mくらい
やから、こんなに山深くないよ。
小屋から出てきたハンガリー人のジュラさん。
山頂でも一緒になった。

MOUNTAIN CABIN

NO.07

五色沼避難小屋

2015年3月、企業の研修会のサポートで、初めて日光白根《にっこうしらね》山に来た。そのときは丸沼からロープウェイで標高2000mまで登り、翌日山頂を往復した。雪深い斜面を登って到着した頂からは、奥日光や尾瀬《おぜ》の山々が見渡せた。山頂直下に見える五色沼《ごしきぬま》は、周りを山に取り囲まれ、そこだけ静謐な時間が流れているようだ。あぁ……あそこに行ってみたい。雪があるうちに、すぐにまた来よう。

現在の五色沼避難小屋は2代目。この山は信仰登山として古くから登られ、以前は湯元から前白根山を経由して登るのが最もポピュラーなルートだった。でも、このルートを通って日帰りで山頂を往復するのはちょっとハード。休憩・宿泊ができる小屋をという声があり、栃木県が初代の小屋を建てた。1980年に栃木国体が開催されることになり、日光連山一帯が山岳競技のルートと決定したのをきっかけに、78年、現在の小屋に建て替えられた。20年ほど前まで、旧避難小屋は現在の小屋の右隣に立っていた。

すぐに来るつもりだったのに、あっという間に2カ月が過ぎてしまった。菅沼《すがぬま》から開けた登山道を進むと、針葉樹の樹林帯に入る。まだ雪があるの

DATA

所在地●栃木県日光市と群馬県片品村の間にある白根山（2578m）の東南鞍部（2240m）。群馬県側菅沼登山口から弥陀ヶ池、五色沼経由で3時間30分

収容人数●20人

管理●通年無人、無料。小屋と周辺の管理・整備は栃木県勤労者山岳連盟が行なっている

水場●五色沼の水を煮沸して利用（往復30分）。持参したほうがよい

トイレ●なし

山行日●2015年5月8日

問合せ先●栃木県県西環境森林事務所☎0288-21-1178

で沢筋を通ってもよさそうだが、うっすらとついたトレースに誘われたのだ。雪が減った登山道は歩きにくいのなんの。倒木をくぐり、よじ登って越え、何度も雪を踏み抜いて、仕上げに枝のアッパーカットをくらい、めまいを起こしながら久々に泣いた。

そんなこんなの登山道だったが、弥陀《みだ》ヶ池に到着すると池の向こうに白根山がどどんと出現した。青い空に白く美しい山。やっぱり来てよかった。

半分凍った弥陀ヶ池を半周して五色沼をめざした。峠に着くと左手のヤブがガサゴソと揺れた。「熊!?」と固まっていると、ヤブの中から登山者が現われた。私に会う直前に熊に遭ったそうで、「即席熊鈴」を付けていた。

3月には真っ白だった五色沼は、青く静かに波打っていた。名前のとおり、四季折々その色を変えるのだろう。再び森に入り、500mほど進むと小屋に到着。しんと静まり返る小屋……。すると中から人が出てきた。

その彼とは、山頂でも一緒になった。ハンガリー人のジュラさん。仕事で2週間、日本に来ていると話した。この日は休日で、仕事場近くのこの山に登りに来ていた。ハンガリーでも時々友達と山に行くのだと、スマホの写真を見せてくれた。湯元から登り、菅沼に下ると言うので、一緒に下った。登りのアッパーカットで懲りたので、弥陀ヶ池からは沢筋を下ろうと誘った。途中、何度も「ほんまに大丈夫なんやろな」って尋ねられたけどね。

MEMORIES

この時会ったジュラさんには、その後メールで写真を送ったりしていたけど、そのうち連絡しなくなってしまった。スマホで見せてくれたハンガリーの山はヤブ山っぽくて本当に意外だったなぁ。まだ登ってるやろか。

MOUNTAIN CABIN

NO.08 庚申山荘

関東
足尾

2014.6.15

「南総里見八犬伝」にも出てくるよ。
"庚申山の場"
曲亭翁精著
八犬士随一
歌川國芳画
のマネ
派手だ〜。
深田百名山の1つ 皇海山の前山、庚申山。
徳川時代には信仰の山として人気があった。
皇海山
2144m
不動沢
松木沢
栃木県
日光市
お山巡りコース
庚申山
1892m
鋸山
1998m
群馬県
沼田市
袈裟丸山
1908m
庚申川
銀山平
足尾銅山跡
通洞
渡良瀬川
わたらせ渓谷鐵道
銀山平からのんびり歩いて…。
ぺちゃくちゃ
ひ〜
九十三
庚申山まで114の丁石が立つ。
かわいそうな九十三丁石…。
でで〜ん
デカい…
庚申山荘に着。
そんなことより今回は
庚申草が見たい！
見れるかなぁ〜
友人の"そのぴん"
大阿久園
同じ山岳会のナカマ
あったあった
いっぱい咲いてた！
かわいい姿で食虫植物
山荘まわりは
クリンソウが
いっぱい。
これも見たかった！
奇岩を見ながらお山巡り。
めがね岩
テッペンカケタカ
テッペンカケタカ
ホトトギス
山頂先の展望台から
皇海山がよく見えて…。
どうぞ〜
桐生市から来たグループに会った。
庚申草、なかなか見付から
なかったんだけど…。
ないねー
あっでも
これもかわいい！
カシャ
ユキワリソウ
なんかが上の方にびっしり
ふと
あれ へんな！…

MOUNTAIN CABIN

NO.08

庚申山荘

すごく前、友人に誘われて庚申《こうしん》山から皇海《すかい》山を歩いた。そのとき通過したのが、庚申山荘。建物裏にクリンソウがたくさん咲いていた。父がこの花を好きで、後で父に山荘のことを話した。

そんな思い出のある山荘に再び行きたいと調べると、山荘そばの「お山巡りコース」には、絶滅危惧種の庚申草《コウシンソウ》が自生しているという。短い間しか咲かない幻の花だそうだ。クリンソウと合わせて幻の花を見に行こう！と同じ山岳会の〝そのぴん〟を誘った。

庚申山は、昔から信仰の山として親しまれてきた。１９５０年に日光国立公園が拡張され、庚申山周辺が国立公園に編入された。それを見越し、48年10月に、登山の足がかりにするため庚申山荘が建てられた。52年に増築されたが、老朽化により86年3月に現在の小屋に建て替えられた。旧山荘は現在の小屋のすぐ西側にあり、新山荘ができあがってから寝具や畳などを手作業で移し、取り壊された。また、かつて山荘の東側に庚申山猿田彦神社の本殿と参籠所があったが、小屋ができる前の46年に焼失し、現在は山荘内に奥の院として祀られている。

DATA

所在地●足尾山塊・庚申山（1892m）の南側（1510m）。国民宿舎かじか荘のある銀山平から、2時間30分
収容人数●65人
管理●通常は無人。かじか荘の管理人が不定期に在住し、管理・整備を行なう。宿泊費2050円、休憩料300円
水場●小屋内にあり
トイレ●小屋外にあり
山行日●2014年6月15〜16日
問合せ先●日光市役所足尾観光部足尾観光課☎0288-93-3116、国民宿舎かじか荘☎0288-93-3420

庚申川脇の林道から一の鳥居をくぐり、沢沿いの登山道に入る。登山道には丁石が置かれ、鏡岩、夫婦蛙岩、仁王門といった巨岩が点在する。ハルゼミが鳴く登山道を、のんびり歩きながら猿田彦神社跡を過ぎると、岩場をバックにした庚申山荘に着いた。山荘裏は記憶どおりクリンソウの花畑。花の中で一匹の子鹿がひなたぼっこをしている。

広い小屋の2階の広間に荷物を広げた後、1階のホールに移動。そのぴんが作ってくれたシーフードカレーを食べ、同じテーブルにいた夫婦に「旅は道連れ」とサラダをもらった。彼らは前夜もここに泊まり、その日皇海山を往復してきたそうだが、前夜の小屋は1階も2階も満員だったとか。

翌朝、お山巡りコースに向かう。岩場に入り、ふたりとも庚申草を探しながら下を向いて歩いた。う〜ん。なかなか見つからんなぁ。あきらめかけてふと上を見ると、あるわあるわ、岩の上部にびっしりとピンクの花が！

庚申山の山頂は展望がなく、そこからすぐの展望台に行くと、昼ごはんを食べている人たちがいた。私たちもそこで一休み。楽しかったねぇ。庚申草とクリンソウを見に、また来たいな。

隣にいた3人組と話すと、桐生市から来た山仲間だとか。中学時代、学校登山でこの山に来て、山荘に100人くらいで泊まったそうだ。この日はメンバーの一人の快気祝いで、久しぶりに一緒に山に来たそうだ。

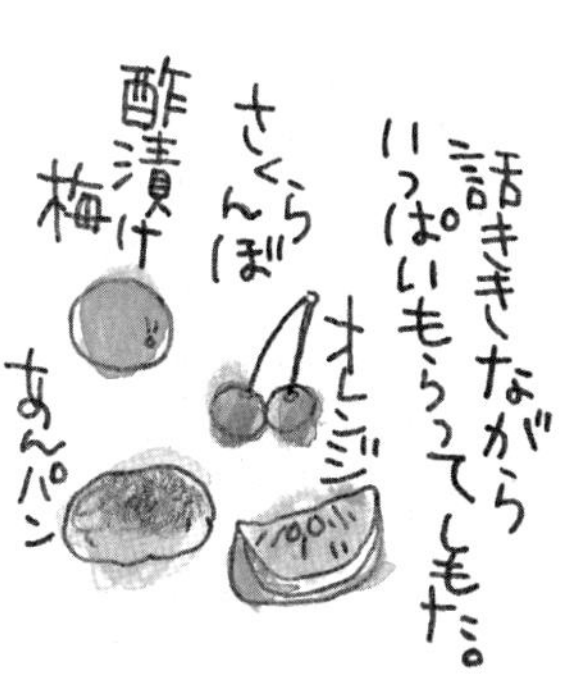

MEMORIES

この小屋にまた行きたいと、ずっと思っていた。お父さん連れて来たかったなぁ。庚申草が岩場の上部にしかなかったのは、盗掘によるせいかもということを、下山後に編集部の神谷くんが調べてくれて、悲しくなったよ。

MOUNTAIN CABIN

NO.09 茂倉岳避難小屋

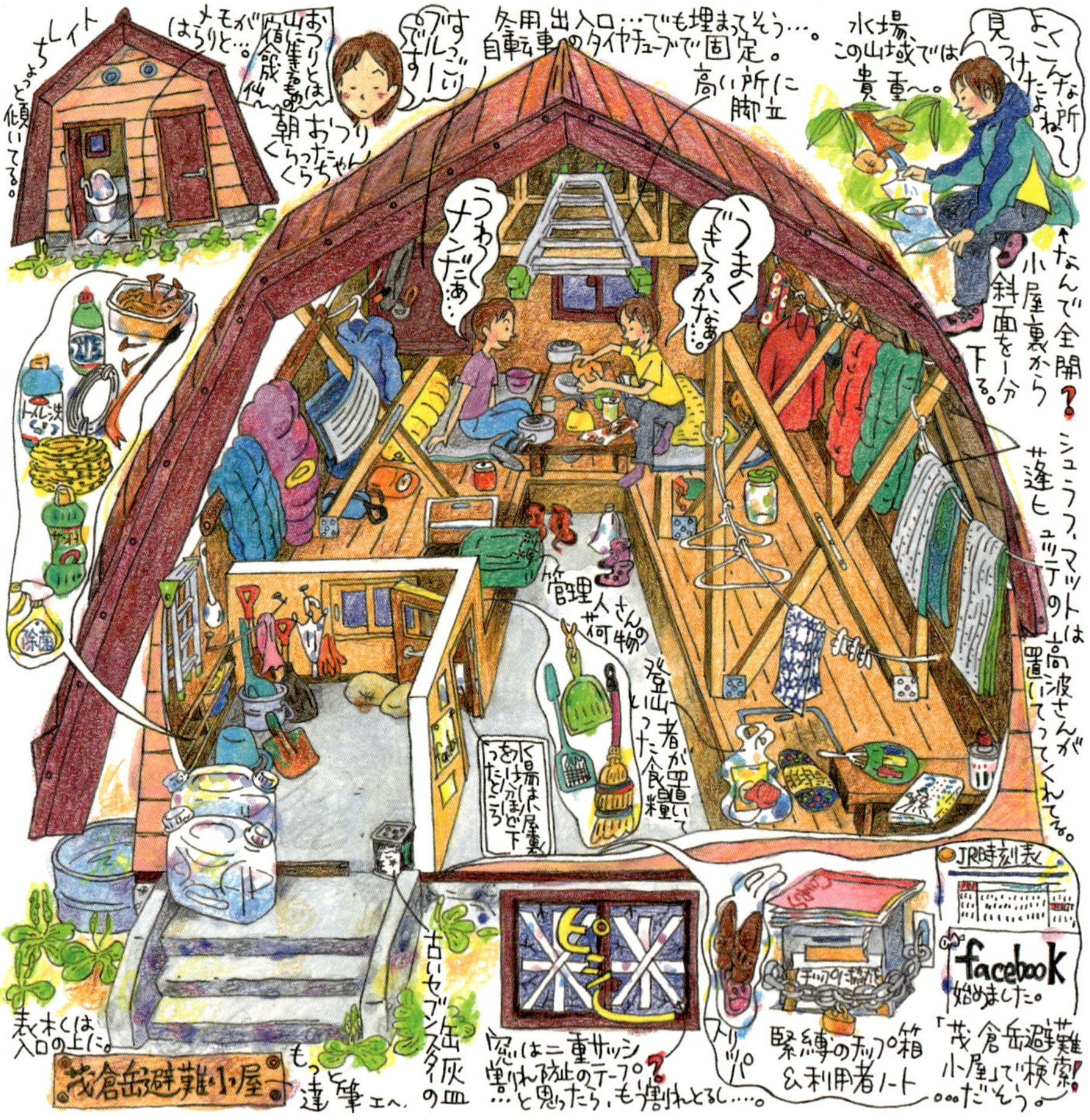

2015.9.3

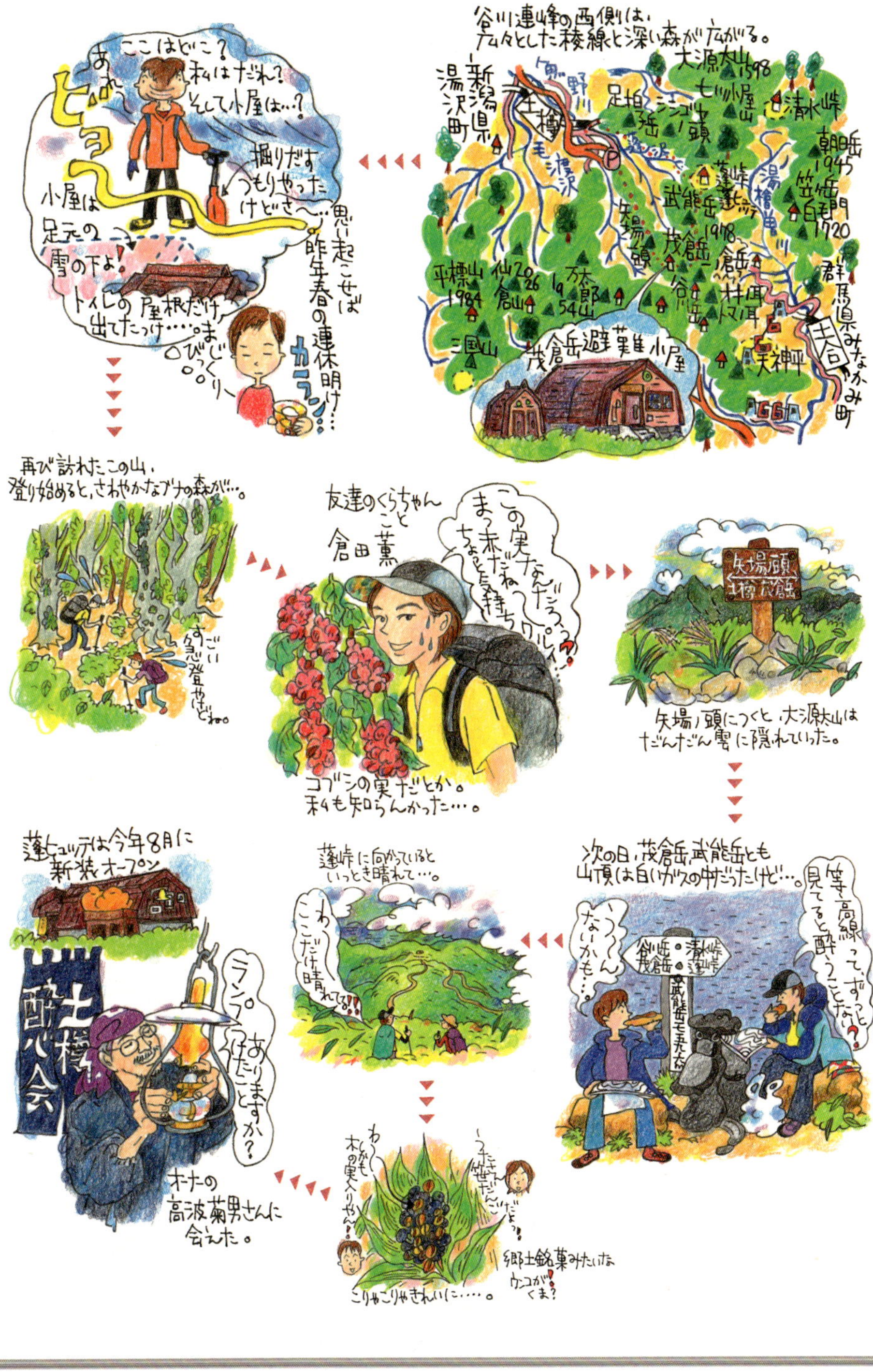

あれ〜
ここはどこ？ 私はだれ？ そして小屋は…？
ヒョロ〜
掘りだすつもりやったけどさ〜…
小屋は足元の雪の下よ！
トイレの屋根だけ出てたっけ……。
まじびっくり〜
思い起こせば昨年春の連休明け…
カラン
谷川連峰の西側は、広々とした稜線と深い森が広がる。
新潟県湯沢町
土樽
魚野川
毛渡沢
蓬沢
足拍子岳
シシゴヤノ頭
七ツ小屋山
大源太山 1598
清水峠
朝日岳 1945
笠ヶ岳
白毛門 1720
蓬峠
武能岳
蓬ヒュッテ
湯檜曽川
矢場ノ頭
茂倉岳 1978
一ノ倉岳
谷川岳
オキノ耳
トマノ耳
天神平
土合
群馬県みなかみ町
平標山 1984
仙ノ倉山 2026
万太郎山 1954
三国山
茂倉岳避難小屋
再び訪れたこの山。登り始めると、さわやかなブナの森が…。
すごい急登やけどね。
友達のくらちゃんこと倉田薫
この実なんだろう？
まっ赤だねっ
ちょっと気持ちワルイ…
コブシの実だとか。私も知らんかった…。
矢場ノ頭
土樽 茂倉岳
矢場ノ頭につくと、大源太山はだんだん雲に隠れていった。
次の日、茂倉岳、武能岳とも山頂は白いガスの中だったけど…。
う〜ん ないかも…。
谷川岳 茂倉岳
清水峠 蓬峠
武能岳
等高線って、ずっと見てると酔うことない？
蓬峠に向かっていると いっとき晴れて…。
わ〜 ここだけ晴れてる!!
わ〜 しかも木の実入りやん〜!
笹だんごだよっ!
郷土銘菓みたいな
ウンコが!? くま?
こりゃこりゃきれいに…。
蓬ヒュッテは今年8月に新装オープン
土樽 酔八会
ランプつけたことありますか？
オーナーの高波菊男さんに会えた。

MOUNTAIN CABIN NO.09

茂倉岳避難小屋

2014年5月の連休明けに、一人で向かったこの小屋。小屋があるはずの鞍部に到着すると、白い雪原の中によく見るとトイレの屋根らしきものが……。ということは小屋は足元の雪の中!? もはや掘り起こすというレベルではなく、次第に濃くなるガスに追っぱらわれながら下山したものだ。

谷川《たにがわ》連峰には戦前から縦走路があったが、エスケープルートがなかった。1950年11月に遭難事故があり、それを機に、茂倉《しげくら》新道、吾策《ごさく》新道、平標《たいらっぴょう》新道、谷川新道（廃道）などのエスケープルートと避難小屋が整備された。初代の小屋は52年前後に作られたらしいが記録はない。64年に、新潟県が国の補助を受け金属製のカマボコ型の避難小屋に建て、老朽化により、94年に現在の小屋に建て替えた。この場所に建てたのは、水場が近いからだ。

秋の初め、友達のくらちゃんと再び茂倉岳に向かった。登山口の駐車場からブナの森に入る。カラリとした風が気持ちいい。登山道の所々にはパンケーキ並みに大きいキノコがつやつやと光り、オオカメノキやコブシが赤い実をつけている。こずえの間から大源太《だいげんた》山の特徴的な山容が見え始め、さらに

DATA

所在地●谷川連峰・茂倉岳（1978m）山頂から西へ400mの鞍部（1880m）。土樽駅から茂倉新道に入り、矢場ノ頭経由で4時間

収容人数●20人

管理●通年無人。維持協力費として志をチップ箱へ。蓬ヒュッテの管理人・高波さんが月に数回巡回、管理している

水場●小屋裏手から50m下った沢水

トイレ●別棟にあり

山行日●2015年9月3～4日

問合せ先●新潟県湯沢町役場産業観光部観光商工課☎025-784-4850、蓬ヒュッテ（高波菊男）☎025-787-3268

武能《ぶのう》岳から蓬《よもぎ》峠に延びる稜線が広がった。あたりは針葉樹の森に変わり、木の根をまたぎながら進んでいくと矢場《やば》ノ頭に出た。ここから岩尾根を進み、小さなピークの先に茂倉岳があり、頂上の肩に小屋があるはず。尾根上は白い雲が流れ、隠れたり現われたりを繰り返す。

小屋に入った後、水を汲んで戻ってくると、間もなく雨が降り始めた。ふ～、ギリギリのタイミング。小屋にはほかに誰もいない。くらちゃんが粉をこね、ナンを焼いて、カレーと一緒に出してくれた。パパッと作ってくれたのにうまい！　最近、いろいろと作って食べさせてくれるのだ。

翌朝、天気ははっきりしない。茂倉岳に登ってから、谷川岳、万《まん》太郎《たろう》山と歩く計画だったが、武能岳から蓬峠経由で蓬新道を下ることにした。笹尾根を下り蓬峠に向かっているとガスが切れ、私達の周りだけが晴れていた。「天国みたいだね」。黄色く色づいた笹原の中で、くらちゃんが言った。

蓬峠に着くと、蓬ヒュッテには管理人の高波菊男さんがいた。珍しい名前なので聞いてみると、くらちゃんのスキーの師匠の父上だった。ご自身もスキーの達人だ。山に来ると思いがけない出会いもあるなぁ。

楽しかったねぇ。今度は蓬ヒュッテに泊まりに来たい。下山途中、大きなトチの木があり、トチの実をたくさん拾った。栃餅とか作れるかな？

……と言いながら、帰ったらすっかり忘れてた！

MEMORIES

前年一人で行った時には目がまん丸になった。実は一度途中まで登り、こりゃやばいかもと麓のホームセンターでスノーソーがわりの鋸を買い足して翌日向かったけど、話にならんかった。くらちゃんと行けてヨカッタ。

関東
谷川連峰

MOUNTAIN CABIN

NO.10 一ノ倉沢避難小屋

2016.3.25

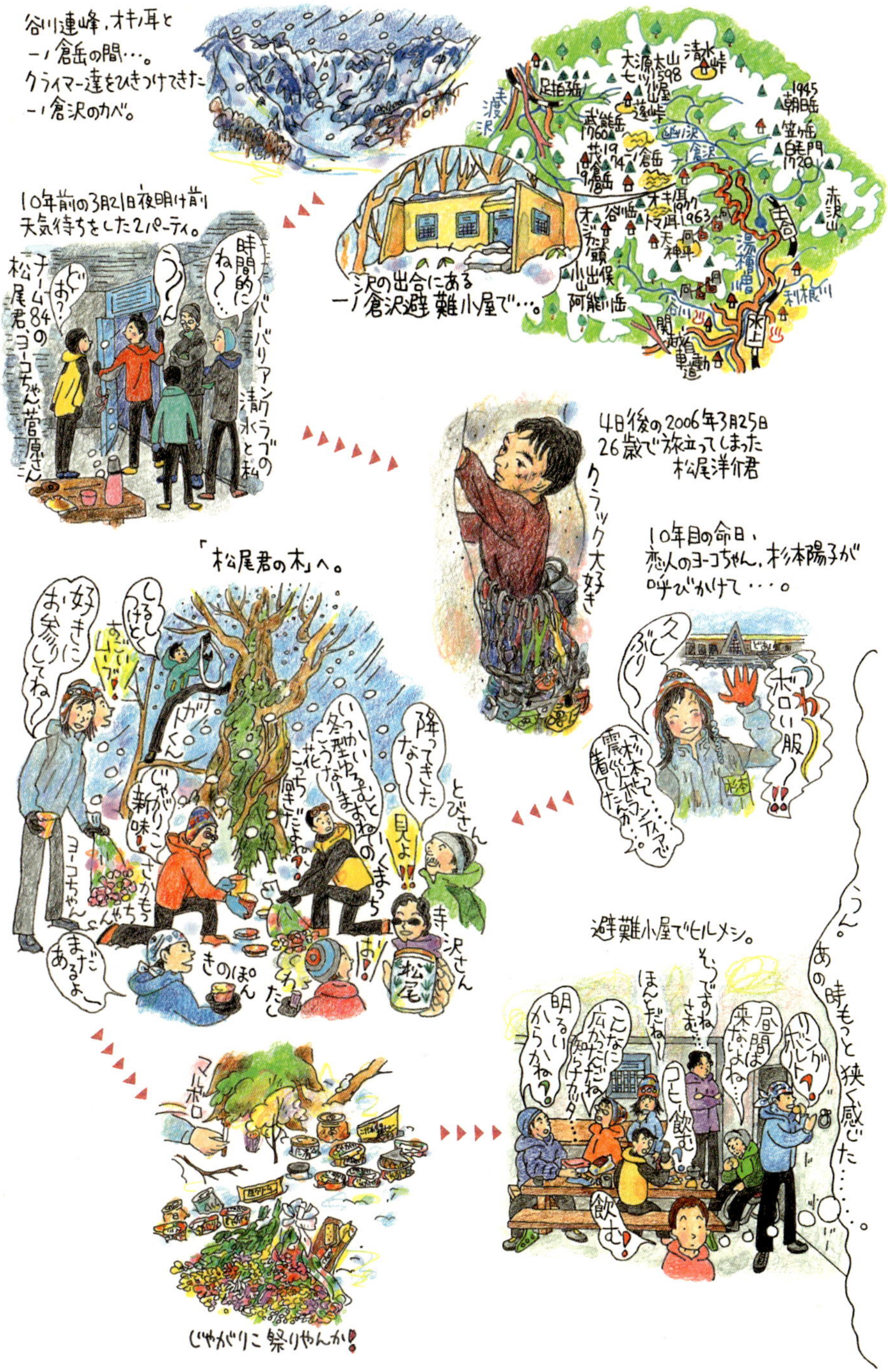
谷川連峰、オキノ耳と
一ノ倉岳の間…。
クライマー達をひきつけてきた
一ノ倉沢のカベ。
清水峠
大源太山
1598
七ツ小屋山
蓬峠
足拍子
武能岳
1760
一ノ倉岳
一ノ倉沢
幽ノ沢
オキノ耳
1977
トマノ耳
1963
谷川岳
天神平
小出俣山
阿能川岳
1945
朝日岳
笠ヶ岳
白毛門
1720
土合
湯檜曽川
利根川
水上
関越自動車道
沢の出合にある
一ノ倉沢避難小屋で…。
10年前の3月21日夜明け前
天気待ちをした2パーティ。
どお？
う〜ん
時間的にね〜…
チーム84の松尾君、ヨーコちゃん、菅原さん
バーバリアンクラブの清水と私
4日後の2006年3月25日
26歳で旅立ってしまった
松尾洋介君
クラック大好き
10年目の命日、
恋人のヨーコちゃん、杉本陽子が
呼びかけて…。
久しぶり〜
うわ〜ボロい服〜!!
「杉本って震災ボランティアで着てたんか…。」
「松尾君の木」へ。
好きにお参りしてね〜
しるしつけとく
じゃがりこ新味!
降ってきたなし
見よ!!
とびさん
ヨーコちゃん
さかもっちゃん
まだあるよ〜
きのぽん
わたし
お!!
寺沢さん
松尾
マルボロ
じゃがりこ祭りやんか!
避難小屋でヒルメシ。
明るいからかね？
こんなに広かったんだね
ほんとだね〜
そうですね
コーヒー飲む？
昼間は来ないよね…
リングボルト！
飲む！
〜うん。あの時もっと狭く感じた……。

MOUNTAIN CABIN NO.10

一ノ倉沢避難小屋

2006年3月21日の早朝、一《いち》ノ倉《くら》沢避難小屋でチーム84のメンバーと偶然一緒になり、天気待ちをした。長い間じりじりと過ごした気がするが、もしかしたら短い時間だったのかもしれない。一足早く彼らが出発し、私たちも出発した。その後昼すぎに天気が急変し、私たちは壁の上部でビバーク。対岸のルートにいた彼らは、その前に下山を決め、私たちの様子を見守り、時間経過を所属山岳会に連絡してくれた。やばいな〜と感じたときに、彼らが見守ってくれているのがどれほど心強かったことか……。

その4日後の3月25日、チーム84のメンバー、松尾洋介君は同じ谷川《たにがわ》連峰の幽《ゆう》ノ沢の登攀に出かけ、帰らぬ人となってしまった。松尾君が倒れていた近くには、大きなブナの木があり、一緒に出かけていた恋人のヨーコちゃんとさかもっちゃん、偶然居合わせ救助をすることになったとびさん、寺沢さんは、毎年命日に、この「松尾君の木」に行っていた。ヨーコちゃんから「今年も行くよ」と連絡をもらったとき、今年は行って、ついでに小屋まで足を延ばそうと考えた。松尾君を思うたび、あの小屋での朝を思い出していたか

DATA

所在地●谷川連峰・一ノ倉岳（1974m）とオキノ耳（1977m）間にある一ノ倉沢と、国道291号線が合わさる地点（一ノ倉沢出合、875m）。JR上越線土合駅から1時間30分（無雪期）
収容人数●10人
管理●通年無人、無料
水場●一ノ倉沢出合駐車場の引水。徒歩3分
トイレ●一ノ倉沢出合駐車場のトイレ。冬季は使用不可
取材日●2016年3月25日
問合せ先●群馬県みなかみ町役場観光商工課☎0278-25-5031、谷川岳登山指導センター☎0278-72-3688

らだ。小屋には一人でも行くつもりだったけど、「久しぶりに行ってみようかな」と、みんな一緒に行ってくれることになった。

一ノ倉沢岩壁の初登攀争いがピークだった昭和30〜40（1955〜65）年代頭には、現在の小屋とは別の小屋があった。1970年にその小屋は雪崩で崩壊し、72年、現在の小屋を地元、土合の人たちの要請で群馬県が建てた。もともと避難小屋ではなく、沢の出合までの林道（国道291号線）の管理・清掃の作業小屋で、鍵がかかっていた。ただ、昔も今も避難小屋として使われることは少ない。クライマーたちで賑わっていた当時、ここは一大テント村となっていたそうだ。

土合《どあい》駅で待ち合わせて、湯檜曽《ゆびそ》川沿いの新道を歩いた。みんな松尾君の山仲間だ。久しぶりに会った友達もいた。ブナの森の中に入り、「松尾君の木」に到着。思い思いに花やら酒、お菓子を供えた。彼が「じゃがりこ」好きだったことをみんな覚えていて、じゃがりこがいっぱい。それを食べながら献杯をして、思い出話やら最近行った山の話をした。事故翌日に一緒に山に行く約束をしていた人がいたことを初めて知った。

まるで松尾君が同窓会を開いてくれたみたい。10年経ってしまったよ。松尾君、私たちみんな、一生懸命登っていたね。まだまだ一緒に山行きたかった。また来るね〜。

新しいの探しとくね。

MEMORIES

連載を始めた頃から、この小屋のこと、松尾君のことを書きたかった。「松尾君の木」へは、なかなか行けなかったけど、この時みんなで行くことができて、本当によかった。松尾君に会いたいねぇ。

関東
上州武尊山

MOUNTAIN
CABIN
NO.11

武尊避難小屋

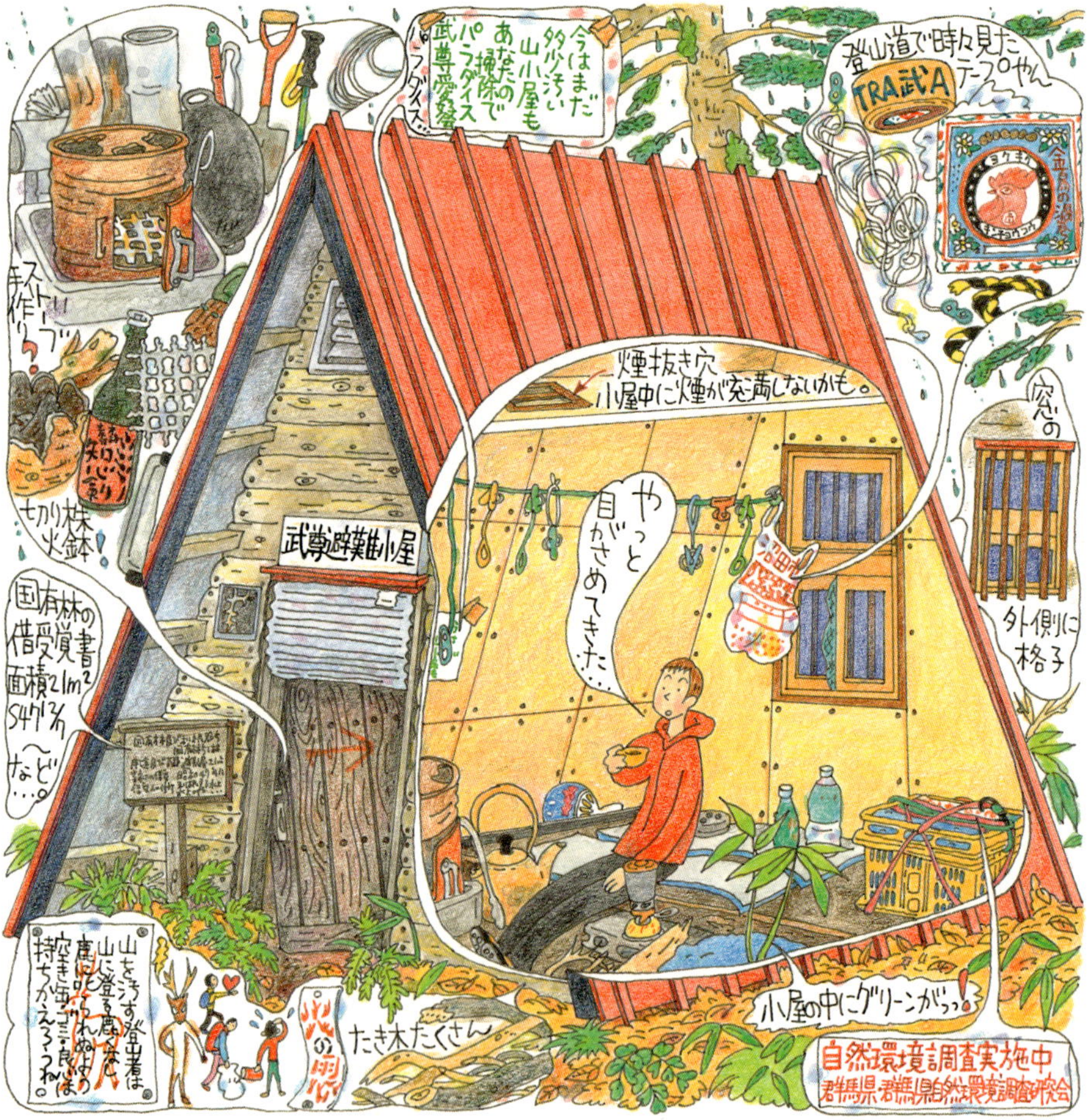

2016.10.5

意外と広い
武尊山塊。
知らんかった…。
みなかみ町
湯ノ小屋沢川
笠ヶ岳
利根川
宝台樹山
武尊山
2158
中ノ岳
2144
剣ヶ峰山
2083
鹿俣山
玉原高原
尼ヶ禿山
田代湿原
武尊牧場
片品川
片品村
群馬県沼田市
川場村
ワレはコーヒー飲まんと
あかんのじゃあああ…
あ!こんにちは
夢の世界にも…。
朝コーヒー飲みそこね
ゾンビ状態で出発。
ああ…。
このあたりの森、
映画「眠る男」に
幻想的に
登場する
この先はどこへ出ますか?
森の向こうにまた村があります
クリスティン ハキム
やっとコーヒー、
武尊避難小屋
セビオス岳の近く、ミニ湿原があって…。
セビオスって
日本武尊と
関係あるん?
茶でもしばく?
イケメンであってほしい…
なんも見えん
ニュルニュル
岩場も
ちょこっと。
ハンガー
ボルト!
三ッ池あたりでツアーの人達とすれ違って…。
池どこやろ…
てかここ
池の中?
もう少しですよ〜
ガンバって!
小山市から
来たそう。
もんく
あんのかこら
あれ?
ずんぐりむっくり…
山頂近く、日本武尊像が…。
山頂気分味わってから
下山しました。
武尊山山頂
標高2158.3m
展望案内盤
南 富士山 西 谷川
北 尾瀬 東 日光白根
チャリーン

MOUNTAIN CABIN
NO.11

武尊避難小屋

越後の山に行った帰り、上州《じょうしゅう》武尊《ほたか》山ってよく見ているけど登ったことがないなぁと足を運んだ。

地図を見ると、武尊山塊は思ったよりも広い。北側は尾瀬《おぜ》と接している。１９７２年に、この尾瀬との境にある奥利根水源の森（旧自然休養林）を中心とする一帯を、群馬県、旧営林署、地元の水上町（現みなかみ町）、川場村、片品村が協力して整備した。

広大な範囲に、道路や遊歩道を整備し、小屋、休憩舎、ベンチ、キャンプ場、木道、木橋、鳥の巣箱などを設置した。72年12月に整備工事が終了。10年後の83年、工事の補修と合わせて、現在の三角屋根の武尊避難小屋を水上町が作った。建設工事費５００万円だったそうだ。安い！

この場所には、それ以前から小屋があったが、その小屋に関する記録は残っていない。武尊山は古くから信仰登山として多くの登山者が訪れていたので、登山者が建てたか、または仕事関係の人が建てたか……。

武尊牧場入口の第六リフトから歩き始めた。朝コーヒーを飲みそこね、ふらふら……。どんより曇った空から、雨がしとしとと降り始めた。

DATA

所在地●武尊山塊・武尊山山頂（2158m）から北東。田代湿原の分岐そば（1758m）。片品村武尊牧場駐車場から1時間40分。小屋から山頂まで2時間30分
収容人数●4人
管理●通年無人、無料
水場●なし
トイレ●なし
取材日●2016年10月5日
問合せ先●群馬県みなかみ町役場観光商工課☎0278-25-5031

武尊牧場から森に入る。ブナの木々も、湿原のイワイチョウも、まだ紅葉しておらず、所々に見られる真っ赤なツタウルシの葉にハッと目を奪われる。霧に包まれた幻想的な森の中を歩いた。「熊出没注意！」の看板がたくさんあったなぁ。小屋でコーヒーを飲み、やっと目が覚めてきたよ。

小屋から針葉樹の森を抜けると、笹原の中に登山道が延びている。途中に小さな湿原があった。このあたりがセビオス岳だろうか。この「セビオス」って、日本武尊《やまとたけるのみこと》と関係あるのかなと思ったけど、それは考えすぎ。「鷹の巣があった山」という意味だそうだ。

相変わらず真っ白な中を進んでいく。南斜面は展望がよさそうだ。赤城《あかぎ》や日光の山々も見えるんだろうなぁ。中《なか》ノ岳との分岐を過ぎ、三ツ池で小山市から来たツアーの人たちとすれ違うと、彼らは口々に「がんばってね」と言って去っていった。

山頂手前の急斜面をよいしょと登ると、霧の中でぼ～っとこちらをにらみつける人が！　近づくと、日本武尊の像だった。びっくりしたよ～。

山頂には古い祠と御嶽《おんたけ》山大神、二等三角点があり、山名板と、新しい展望案内盤があった。ここからは三六〇度の展望を得られるようだ。

初めての武尊山は霧の中。山名の由来は日本武尊の東征伝説からだそうですよ。知ってました？

知らんかったの
私だけっ・

MEMORIES

3週間前に越後駒ヶ岳の岩場の下見に行き、沢でずっこけて仙骨を骨折した。やっとまともに歩けるようになって、越後の山とこの山に登りに行った。もうちょっと天気がいい時にまた行きたいなぁ。なんも見えなかったもん。

関東
西上州

MOUNTAIN CABIN

NO.12 荒船山避難小屋

2016.2.28

さながら
荒波を割って進む船のようだとこの山名が…。
…仙人てる…。
神津牧場
荒船の湯
254
物見山
1376
長野県佐久市
内山峠
艫岩
胸突八丁
中ノ宮
P
相沢川
荒船湖
群馬県下仁田町
道平川
荒船山避難小屋
相沢の氷瀑
石碑
大殺しの氷瀑
星尾峠
経塚山
1423
兜岩山
1369
P3
大ローソク
尾根に出ると奇岩が見えてくる。
ハナミズ止まった…。
そういや今日アイスやるって言ってたなあ…。
相沢奥壁の大氷柱に
トメ
山岳会のナカマ
中ノ宮や…。
胸突八丁を過ぎると艫岩が…。
おおっ
登山口から杉林歩き…。
経塚山の山頂からは
兜岩山方面が見えたよ。
大ローソクやろかク…?
川!
頂上台地を南へ…。
斉藤さんが去った後
さらに星野さんと…。
いーんですか?
チョコ食べますか?
姉とフランス行って買ってきたんです
うまい!!
おちゃ
モンマルトルで買わされたミサンガ€3
その艫岩には登山者がいっぱい。
みんなどちらから…?
浅間山かすんでるなあ…。
星尾峠から。人に会わなかったなあ…
内山峠からです
地元なんでね…
と近くにいた斉藤さんと
星野さんと話し…。

MOUNTAIN CABIN
NO.12

荒船山避難小屋

10年ほど前、アイスクライミングをするために初めて西上州を訪れた。周辺には神津《こうづ》牧場や犬殺し、相沢《あいざわ》といった氷瀑があり、集落から近いので気軽にアイスクライミングを楽しめる。付近には奇岩が見られ、長野県との県境付近まで来ると戦艦のような荒船《あらふね》山が現われる。おもしろい形の山だなぁと、いつか登りに来たいと思っていた。

荒船山は、その山容に加え、標高は低いが登山口が多く、高さ２００ｍの艫《とも》岩上に容易に立つことができるので人気の山だ。また昔から信仰や伝承が多く、付近には荒船と名がつく社寺が多い。

荒船山避難小屋は、相沢と内山峠の二つの登山口の合流地点、頂上台地北の艫岩そばにある。昔から愛されたこの山への登山を快適にするためにと地元の人々の要望で、１９８１年2月に群馬県が建設した。小屋外にベンチを備えたテラスがあり、トイレや貯水タンクもある快適なものだったが、老朽化により２０１３年度に改修の予定となった。しかし、いろいろな事情で改装はいったん白紙の状態だ。

相沢登山口から杉林の中の登山道を歩く。日当たりのよい尾根に上がると、

DATA

所在地●群馬県南西部の西上州、荒船山（1423m）の頂上台地北にある艫岩そば（1330m）。相沢登山口から2時間30分。避難小屋から経塚山までは40分
収容人数●10人
管理●通年無人、無料
水場●なし。天水タンクは使用不可。内山峠からの登山道途中の一杯水、経塚山方面へ進んだ沢水で汲める
トイレ●2018年7月現在も閉鎖中
山行日●2016年2月28日
問合せ先●群馬県下仁田町役場商工観光課☎0274-64-8805

冬枯れの木々の向こうに、にょきにょきと岩峰が見えた。今日は山岳会の友達が相沢の氷瀑を登りに行くと言っていたなぁ。こんなに暖かくて登れるだろうか。中ノ宮を過ぎ、大岩下の小さな祠をのぞき込んでいると、登山者がひとり追い抜いていった。

胸突八丁を越えると登山道に雪が現われ、木々の向こうに艫岩が見えた。階段のついた登山道の先で頂上台地に出ると、登山者がいっぱい。ここまでは静かな山登りだっただけに驚いた。いったいみんなどこから来たのだろう。近くにいた星野さん、斉藤さんと話すと、内山峠から来る人が多いようだ。展望のよい艫岩からは、なだらかな山々が広がる。フェンスがないので足がすくんだ。浅間山は春霞の中だ。

頂上台地を南に進み、経塚山に向かった。登山道脇の笹原にはクヌギやミズナラが立ち、キツツキが木を叩く音が聞こえた。と、驚いたことに川が出現。相沢の氷瀑の源頭なのだろうか。

星《ほし》尾《お》峠への分岐を過ぎ、最後にひと登りすれば経塚《きょうつか》山の山頂に。相変わらず山々は霞んでいたが、その中ににょっきりと岩峰が見えた。兜《かぶと》岩山近く、大ローソクと呼ばれるＰ３だろうか。

ところで、私、この日初めて知ったけど、みんな知ってるんやろか。「荒船山」って山頂はないんやね。

MEMORIES

星野さんにもらったチョコおいしかったなぁ。星野さんには、その後お手紙をもらった。このあと、中国地方の山に行ってきて、岡山の毛無山と島根の船通山に、よさげな避難小屋あったって教えてもらった。そのうち行きたいな。

関東
奥多摩

MOUNTAIN
CABIN

NO.13 一杯水避難小屋

2014.11.3

休日の
奥多摩駅前
あれ〜
ひゃ〜 すごい人 今日なんかあんの??
トイレに
長蛇の列
山と谷と街が入り組んだ奥多摩
その森のほとんどは東京の水源林
西谷山
避難小屋
西谷山
三ドッケ
一杯水避難小屋
金袋山
雲取山
タワ尾根
奥多摩
多摩川
丹波川
奥多摩湖
大岳山
御岳山
五日市
秋川
三頭山
時間きっかりに着いたら
びっくりされた。
おはよ〜 早いねどしたの?
ど〜したの早いじゃない 今日なんかあんの??
登山家の山野井泰史さんと妙子さん夫妻
登山口の一石山神社から
①さて出発
さいしょ急なんだよね
タワ尾根
②
③
ついてけないっス
金袋山のミズナラの巨樹は
枝が折れていた…。
ありゃ〜
西谷山の避難小屋はいっぱい
すみません
オレ外で寝てもいいけどなぁ
…って何やってんの??
夜寒いよ。
次の水場枯れてるかも
水汲んでるの。
カップル
楽しそ〜
という訳で一杯水避難小屋へ
すたすた…
着いたら
妙子さんが作ってくれました。
いただきまーす

MOUNTAIN CABIN NO.13

一杯水避難小屋

どこかいい避難小屋知ってますか?と、夏のころ山野井泰史さんに尋ねたら、「奥多摩《おくたま》の西谷《とりたに》山の避難小屋に行ったら眺めがよかったよ」と教えてくれた。ちょっと前にご近所の親子と山野井さんと妙子さん夫婦の4人で、奥多摩をぐるっと一周してきたのだとか。

山野井夫妻との最初の出会いは取材だが、その後も時々クライミングなんかに行く。しばらく会えなかったので、久しぶりに電話をしたら、ふたりとも登りすぎで腰が痛いとか。山歩きに行ってみようかと話した。

一杯水《いっぱいみず》避難小屋も西谷山避難小屋も、１９７８〜80年に水源林管理の作業用の小屋として建設局が建て、登山者のための避難小屋として残されている。97年西谷山避難小屋は改築され、一杯水避難小屋は２０１０年に補修された。

一石山《いっせきさん》神社からタワ尾根を登り始める。破線ルートであるこの尾根を選んだのは、「ここから登ったらおもしろいかも」と山野井さんが言ったから。

枯れ葉が敷きつめられた登山道はちょっとわかりにくい。途中、「巨樹を見に来たんですが、こっちでいいんですかね?」という女性と一緒に進んだ。

しかしこの2人、やっぱり登るの速い速い。遅れて息を切らし大汗をかく

DATA

所在地●奥多摩北部・天目山（1576m）の南側肩（1445m）。日原鍾乳洞からタワ尾根を登り、西谷山経由で6時間。東日原からヨコスズ尾根経由で登ると2時間

収容人数●12人

管理●通年無人、無料

水場●小屋の東200m付近に一杯水の谷水があるが、涸れることが多い

トイレ●小屋外にあり

山行日●2014年11月3〜4日

問合せ先●東京都多摩環境事務所自然環境課自然公園担当☎042-521-2947、奥多摩ビジターセンター☎0428-83-2037

私に、「どしたの？　荷物重いんじゃないの？」と山野井さんが言うと、「梅の砂糖漬けあるよ。食べる？」と妙子さん。食べる〜。

金袋《きんたい》山のミズナラの巨樹は、枝がぽっきりと折れていた。前年の8月に折れてしまったのだそうだ。すごい音がしたんだろうなぁ。

タワ尾根から長沢背稜を進み、酉谷山の避難小屋に到着。小屋前からは、タワ尾根が見え、その向こうに三角形の鷹《たか》ノ巣《す》山が夕日に染まっていた。

小屋の中をのぞくと満員だったので、一杯水避難小屋に移動した。途中で酉谷山の避難小屋に向かうおじさん2人組に会い、かくかくしかじか話すと、一杯水避難小屋にUターンしていった。

妙子さんが、「圧力鍋でα米炊くとおいしいよ」と、鶏の炊き込みごはんを作ってくれた。野菜は妙子さんが畑で作ったもの。生のカラーピーマンがあんなに甘いって知らなかった。

ごはんを食べていると妙子さんが、「あれ？　昔ここに来たことがあるかも……」。以前は囲炉裏があったので、最初はわからなかったようだ。厳冬期に一人ここに泊まり、翌日「ズボンが脱げそうなくらい」ラッセルをして下山したとか。そんなに雪あったら普通の女は入山しないかも。

翌朝ゆっくりと日原に下った。葉を落としたブナの木に、クラックの課題を見つけ、それをこなす二人。そういえば腰治ったんですね。

太って
いい練習になるよ

MEMORIES

我らが山野井夫妻よ！　タワ尾根近くに岩場があった気がすると、探しながら登った。この時は見つからず、その後「あったよ」って。妙子さんのごはん、すごくおいしくて、「妙子さ〜ん」ってなってしまう。野菜もぜんぶ手作り！

MOUNTAIN CABIN

NO.14 雲取山避難小屋

関東
奥多摩

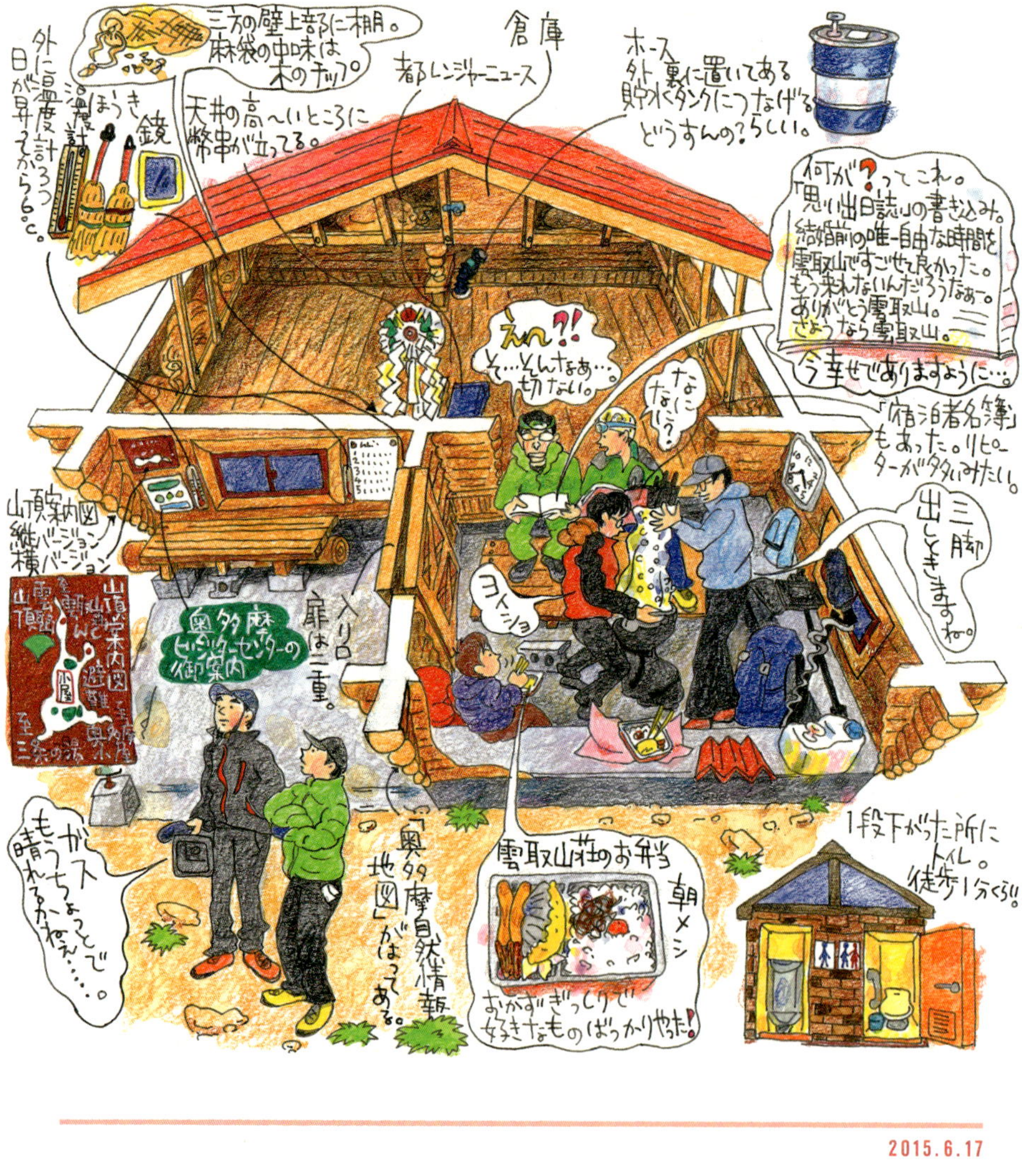

2015.6.17

山岳ガイドの山田哲哉さんがテレビ番組「にっぽん百名山」でこの山を紹介することに。
東京湾、スカイツリーまで見渡せる一方、深い谷は緑色に沈み…。
パンパカパーン
NHK BSプレミアム 6月22日放映 みた?
奥武蔵
埼玉県秩父市
雲取山荘
奥多摩の西の端
酉谷山
三ツドッケ
蕎麦粒山
奥秩父の東の端
雲取山 2017
小雲取山 1937
飛龍山 2077
三条の湯
七ツ石山
鷹ノ巣山
雲取山避難小屋
お祭
P
小袖
奥多摩湖
奥多摩小屋
山梨県
村山波丹
東京都 奥多摩町
深田百名山のひとつ雲取山は東京都の最高峰。
テレビクルー3人と…。
業界っぽい?
富士山かくれちゃいましたね
ディレクターの神保知彦さん。ずっと天気の心配してた。
台本
カメラマンの山田玄城さん
足元とか。
カメラを固定するプロテクター。
遠〜くの鳥の声なんかも拾えて。
ちちぶ ちちぶ ちちぶ
音声の栗原弘和さん
このぬいぐるみみたいなのはマイクの風よけ。
あの声なんて鳥?
歩荷その1 わたし
バランス悪いけど平気っス
ものすご〜く大きくて高そうな三脚&カメラ
自転車人 田村暁生君 歩荷その3
ひがら
ねぐせ
シジュウカラよりちょっと小さい。たまにチビチビって鳴くよ。
歩荷その2 奥多摩のジョンレノン!
山岳よろず業・田畑伊織さん 木、花、鳥、虫なんでも詳しい。
私たち3人の歩荷隊の総勢7人で出発。
稜線の登山道は防火帯。ぱあ〜と明るい!
ダンシングカラマツ!
撮影しながらなのでゆっくり進みます。
山で生米を炊く時は水をちょっと多く入れます。

MOUNTAIN CABIN

NO.14

雲取山避難小屋

山岳ガイドの山田哲哉さんが、テレビ番組「にっぽん百名山」で雲《くも》取《とり》山を紹介することになった。ロケ中の3日間、歩荷のお手伝いに出かけた。

1950年7月10日に奥秩父、奥多摩の山岳地帯を中心とするエリアが「秩父多摩国立公園（後に秩父多摩甲斐国立公園に改名）」に指定され、56年、その指定記念にと、東京都建設局が雲取山避難小屋を建てた。登山者の間では当時の知事（故・安井誠一郎）の名をとって、安井都知事小屋と呼ばれていた。91年、老朽化により改築され、2014年には別棟のトイレが建て替えられた。近くに雲取山荘や奥多摩小屋があるので、この小屋はあくまでも悪天や危急時のためのもの。水場はない。

登山口の小袖乗越《こそでのっこし》の駐車場はほぼいっぱいだった。ここからの「登り尾根」コースは、展望がよいので人気がある。この日のメンバーは、山田さんと撮影スタッフ3人、それと私たち歩荷隊3人の計7人だ。

堂所までは自然林と植林の森が交互に現われ、途中、廃屋と炭焼き小屋や畑の跡があった。自然林の中には所々に古い大きなクヌギやナラの木が見ら

DATA

所在地●東京・山梨・埼玉の都県境にある雲取山（2017m）の山頂直下（2000m）。山頂南東の小袖乗越から七ツ石山経由で4時間40分

収容人数●20人

管理●通年無人、無料（緊急時以外使用不可）

水場●なし

トイレ●あり

山行日●2015年6月17～19日

問合せ先●東京都多摩環境事務所自然環境課自然公園担当☎042-521-2947、奥多摩ビジターセンター☎0428-83-2037

れる。炭焼き用に木を切り出す際、種を落とすようにと、母体となる木を残しておくのだそうだ。

七《なな》ツ石《いし》山を過ぎ、ブナ坂との分岐の先は、登山道が防火帯になっていて、広々と明るい。進んでいくと、登山道脇にくにゃりと曲がった「ダンシングカラマツ」が見えてきた。防火帯を作った作業員も、このおもしろい一本の木だけは切り倒せなかったのかもしれない。

開けた登山道からは三頭《みとう》山や御前《ごぜん》山などの奥多摩湖の南岸の山々、その向こうに大《だい》菩《ぼ》薩嶺《さつれい》から雁《がん》ヶ腹摺《はらすり》山の山並みがあり、雲海の上には富士山が浮かんでいた。雲海は次第に広がり、見る間に富士山を隠していく。

撮影隊と山田さんが登山道を撮影する間、私たち歩荷隊は画面に映らない所で待機。苔の絨毯の上でぐっすりと眠った。あ〜気持ちよかった。

この日の宿泊は山頂北の雲取山荘。ゆっくり進んだので、暗くなりかけたころに着いた。暖かい小屋とふかふかの布団、山盛りの晩ごはんはやっぱり快適。個性派揃いの従業員のなかには、勤続40年の人もいるそうだ。

翌朝は暗いうちに山頂に向かい、日の出の撮影。あいにくの天気でなかなかガスが晴れずめちゃ寒い。こんなときこその避難小屋！　中に入って待機じゃ〜。日の出を気にする撮影スタッフを見ながら、たっぷりあった待ち時間、呑気に、木や花に詳しい田畑さんと田村くんにいろいろ教わりました。

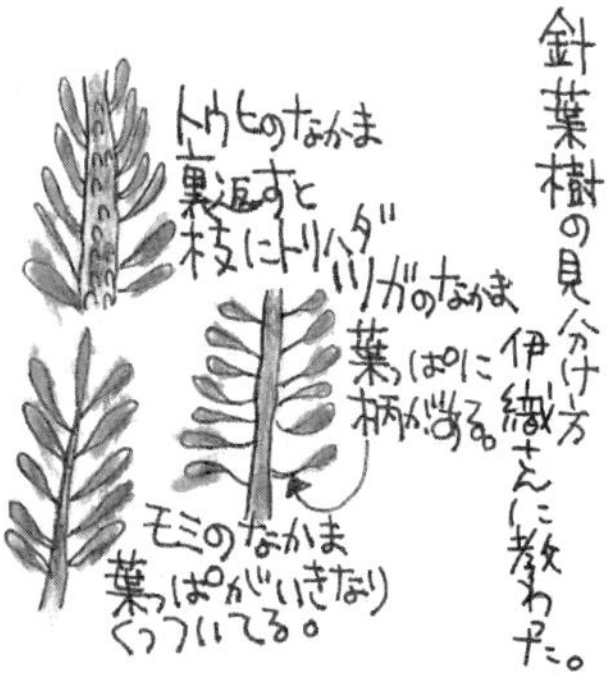
針葉樹の見分け方
伊織さんに教わった。
トウヒのなかま
裏返すと
枝にトリハダ
ツガのなかま
葉っぱに
柄がある。
モミのなかま
葉っぱがいきなり
くっついてる。

MEMORIES

昔、雲取山に行ったのは、夏に埼玉県側から井戸沢の沢登りをしたのが最初で、その次は、冬に日帰りで登りに行った。近くに快適な雲取山荘があるし、中に入ることはないような気がしていたけど、この時はいい機会だった。

MOUNTAIN CABIN

NO.15 三頭山避難小屋

関東
奥多摩

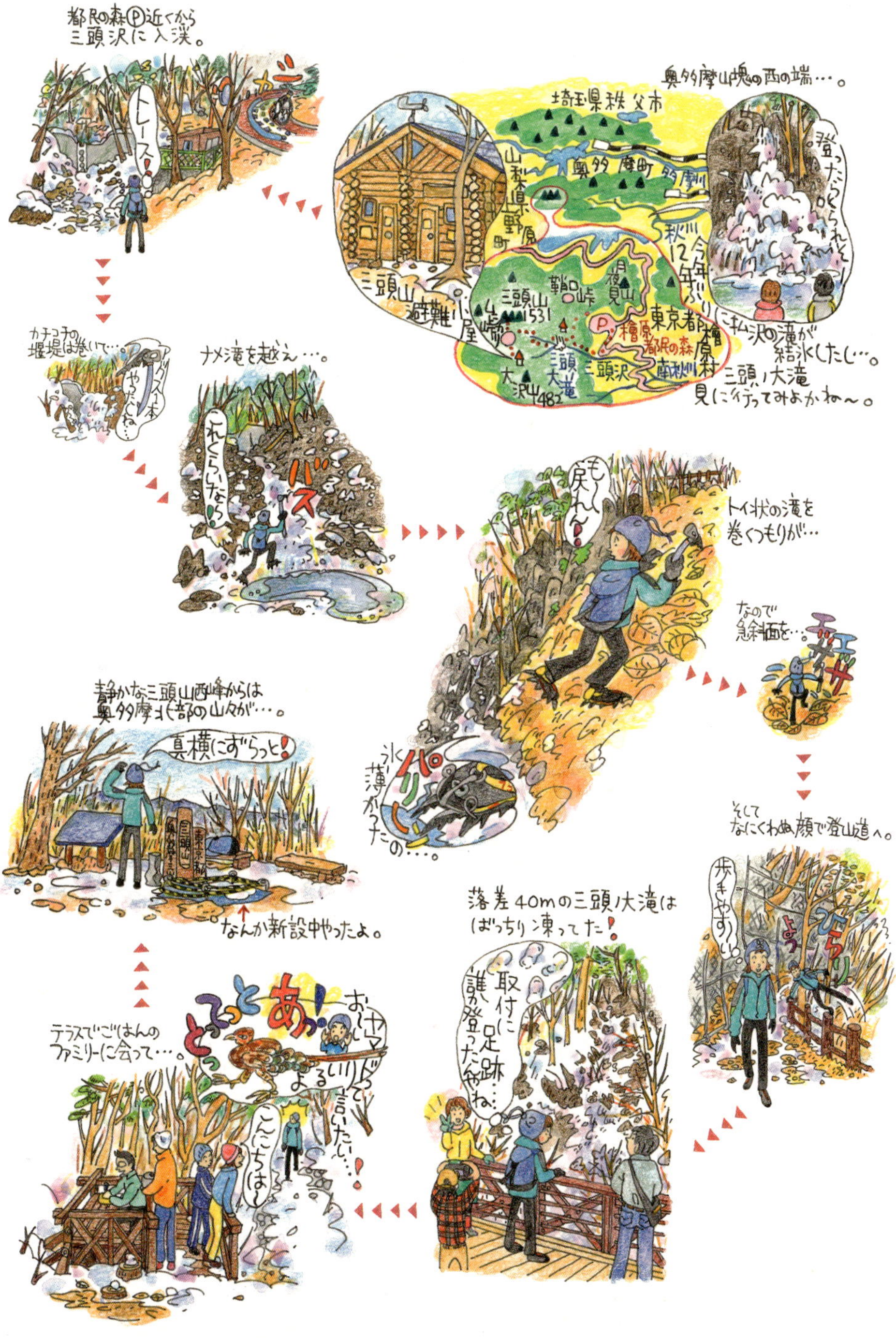
都民の森Ⓟ近くから
三頭沢に入渓。
トレース!
奥多摩山塊の西の端…。
埼玉県秩父市
山梨県上野原町
奥多摩町
多摩川
秋川
三頭山避難小屋
三頭山
1531
鞘口峠
月夜見山
ムシカリ峠
東京都檜原村
檜原都民の森
三頭大滝
三頭沢
南秋川
大沢山
1482
登ったらくられとく!
今年12年ぶりに払沢の滝が結氷したし…。
三頭ノ大滝
見に行ってみよかね〜。
カチコチの
堰堤は巻いて…。
アックス1本やったしね…
ナメ滝を越え…。
これくらいなら!
バス
もー戻れん!
トイ状の滝を
巻くつもりが…
氷薄かったの…。
パリ
なので
急斜面を…。
エッサ
エッサ
そして
なにくわぬ顔で登山道へ。
歩きやすい。
よっ
ひらり
静かな三頭山西峰からは
奥多摩北部の山々が…。
真横にずらっと!
なんか新設中やったよ。
落差40mの三頭ノ大滝は
ばっちり凍ってた!
取付に足跡…
誰か登ったんやね…
テラスでごはんの
ファミリーに会って…。
とっとっとあっ!
おやマドリって言いたい…!
ヤマドリ
よるい
こんにちは〜

MOUNTAIN CABIN NO.15

三頭山避難小屋

2018年の冬はあっという間に終わったけど、そりゃあ寒かった。払沢《ほっさわ》の滝が12年ぶりに結氷するほど。その近くの三頭《みとう》ノ大滝も凍っているか見に行こうかな。

現在小屋が立っている三頭山南側稜線の鞍部には、もともと持ち主不明の林業作業用の小屋があった。1988年に、「東京都避難小屋再生計画」が発案され、東京都が奥多摩の5軒の小屋を次々と建て替えた。三頭山避難小屋は、その計画のうちの2番目、93年に作業小屋から避難小屋に建て替えられ、現在まで修復はほとんどない。小屋と周辺登山道の管理は、東京都奥多摩自然公園管理センターが、檜原村観光協会とともに行なっている。稜線上の平場で、水場がある最適の場所だったが、現在、小屋近くの水場は涸れ、大滝方面に下らなければならない。

せっかく三頭ノ大滝を見に行くので、三頭沢を遡行して向かうことにした。少し前に、友達が「冬枯れの沢歩きもなかなか楽しいよ」と教えてくれたので、歩いてみたくなったのだ。とはいえ、この日は一人なので、凍った沢でばっちりアイスクライミングをするのではなく、のんびり沢歩きをするつも

DATA

所在地●東京都西部、山梨県との県境近くにある、三頭山西峰（1531m）南東の鞍部（1433m）。檜原都民の森駐車場から三頭ノ大滝を経由して1時間30分。小屋から三頭山西峰までは20分。三頭沢の遡行は、無雪期で出合から大滝上まで2時間ほど

収容人数●20人

管理●通年無人、無料（緊急時以外使用不可）

水場●大滝から小屋へ向かう登山道途中の沢水。積雪期は埋まっている

トイレ●小屋内にあり

取材日●2018年2月25日

問合せ先●東京都奥多摩環境事務所自然環境課自然公園担当☎042-521-2947、奥多摩ビジターセンター☎0428-83-2037

りで、アックスは1本だけ、短めのロープとギアもちょこっと。登れない滝は、横から巻けばいいや、という気分。

都民の森駐車場近くの車道から三頭沢に入渓。雪の上にトレースがあった。堰堤をふたつ越え、ナメ滝を登って、大滝の下流のトイ状の滝の下に到着。登ろうとしたが、滝下の釜の氷が薄く取り付けない。いったん左岸の斜面を登り、滝を巻くつもりが、岩場とヤブに阻まれ、沢に戻れなくなってしまった。遡行はあきらめて、急斜面を登って登山道に出た。

三頭ノ大滝前の滝見橋には、滝を見に来た人がたくさん。滝下の取付に足跡が。やっぱり今年は寒いから、狙って登りに来た人がいるんだな。

この日は日曜日だったせいか、何人かの登山者と行き合った。進んでいくと、登山道横の斜面をヤマドリが歩いていた。そばのテラスでお茶してる家族に伝えたかったけど、大声を出すわけにいかない。

三頭山西峰の山頂からは、奥多摩北部と奥秩父の山々がよく見えた。南側はどんよりとした雲に覆われていたが、富士山がよく見えるのだとか。

そのあと小屋へ。くつろいでいると、先ほどの家族のお母さん、長谷川百合子さんが一人でやって来た。今度、家族で泊まりに来ようと下見に来たそうだ。ほかの家族は散策路に行ったとか。へー。ほかにどんなところ行きました?

MEMORIES

この少し前に、友達と密かに払沢の滝を登ろうと見に行ったけど、観光客がいっぱいいて、とても登れそうになかった。三頭ノ大滝は登れそうだったけど、この日ひとりでは登れなかった。生きてるうちに登れるやろか。

MOUNTAIN CABIN

NO.16 破風山避難小屋

関東
奥秩父

2015.7.14

入り組んだ谷や小さな沢が
美しい渓谷をつくりあげる。
あつい〜
股の沢
真の沢
木賊沢
大荒川谷
金山沢
小荒川谷
中小屋沢
入川
2475
甲武信ヶ岳
西破風山
2318
東破風山
2180
雁坂嶺
2289
大荒川谷の
遡行を
計画。
破風山避難小屋
ざぶざぶ
さむい〜
このあたりの沢
水量が多いんだそうだ。
広大な奥秩父山塊。
埼玉県秩父市
長野県川上村
御座山
両神山
1724
1766
瑞牆山
2230
小川山
金峰山
2595
国師岳
奥千丈岳
木賊山
甲武信岳
西破風山
乾徳山
2020
黒金山
帯那山
小楢山
笛吹川
古礼山
笠取山
唐松尾
飛龍山
雲取山
秩父湖
入川
山梨県山梨市
大菩薩嶺
甲府
塩山
ぱあああ。
あったかい〜!!
くるっ
編集部の
神谷浩之くんと…。
ほんま?
まだ日陰ゾーン
このミズうまいなっ〜
ミズ(ウワバミソウ)
カメラマンの
星野秀樹さんと
3人でやって来た。
3人で山来るの
1年ちょっとぶり。
夕方、小荒川谷出合で
ビバーク。
おつかれさ〜ん
いい所やったなあ〜。
翌日は落差10m以上の
美瀑がつづく。
プロテクション
なかなか
決まらないなあ
カシャカシャ
どどどど…
はよ決めて〜
どきどきどき…
この人も
恐い所で
撮ってたりするがな。
源頭から稜線
までは
モーレツな薮コギで…だ。
ひ
ついに…。
両神山に笑われるで…。
た〜す〜け〜て〜
がんばって〜
もうちょっとだよ
薮山好き
なんか楽しそう。
そうでもないけど
強い。
うそだ!!

MOUNTAIN CABIN
NO.16

破風山避難小屋

『山と溪谷』編集部の神谷浩之くんとカメラマンの星野秀樹さんとで、奥秩父の金山《かなやま》沢、大荒川《おおあらかわ》谷の遡行を計画した。３人で山に行くのは久しぶり。何度か一緒に山に行った気のおけない仲間だ。

大荒川谷は、深い緑に包まれた手付かずの自然が残る沢。水量が多く、ゴルジュやナメ、滝が次々と現われる沢だと聞く。遡行後は破風《はふ》山の山頂に出て、少し下ったところにある破風山避難小屋に寄って、西沢《にしざわ》渓谷に降りる計画とした。梅雨の晴れ間を見つけ、やっと行くことができた。

破風山避難小屋は木賊《とくさ》山と破風山との鞍部に立つ。ここは笹原がぱぁ〜っと広がっていることから笹平と呼ばれ、小屋は通称「笹平避難小屋」という。この鞍部からは、どちらに向かっても急な登りになる。天候の急変や危急時のために１９７９年に埼玉県が避難小屋を建設した。その後、老朽化のため２００１年に一部が改修された。

入川渓流観光釣り場から林道を歩き、赤沢吊橋から十文字峠方面へ登っていく。尾根近くの道標から、登山道を外れて急斜面を下降した。金山沢出合の河原に降り立つと、うそみたいに涼しい。ここで沢ウェアに変身する。

DATA

所在地●奥秩父の木賊山と破風山（2318m）の鞍部（2080m）。埼玉県側、入川渓谷から沢中1泊。山梨県側、西沢渓谷から徳ちゃん新道、木賊山経由で7時間
収容人数●10人
管理●通年無人、無料（緊急時以外使用不可）
水場●南側斜面、ヌク沢方面に20分下った沢水
トイレ●なし
取材日●2015年7月13〜14日
問合せ先●埼玉県秩父環境管理事務所☎0494-23-1511

金山沢に入ると、次々と滝やゴルジュが現われた。ゴルジュや小滝を越える度、緑は深くなり、両岸の壁は高くなっていった。それにしても遡行図にある大岩やガレ沢、小滝なんてのが、いまひとつわからない。「倒木や大岩が落ちて、沢の様子が変わったのかなぁ」ミズを食べながら言う星野さんの言葉に神谷くんと頷いた。

小滝を登って、大滝を巻き、スラブでずっこけながら進んでいく。と、そのうち豪快な沢の音が聞こえ、深い釜をもった「ゴンザの滝」が現われた。その先の小荒川谷の出合でビバークする。久しぶりの沢の中でのビバーク！楽しい夜だったなぁ。

翌朝は暗いうちに出発。ここから大荒川谷に入る。日が差さない暗い沢を、震えながら進んだ。前日よりも水の流れが早い。ゴルジュを抜けると、やっと日だまりに。前を歩く神谷くんが突然振り向き、「あったかい!!」

上部の滝を抜けると水量が細くなり、源頭から先は沢を一本間違えたのか、モーレツなヤブコギとなった。昔こんな所ばっかり歩いていたという神谷くんと、野生児のような星野さんに遅れ、ぼろ雑巾のようになってたどり着いた破風山の山頂。4つの山名板は全部ちょっとずつ違っていて軽いパニックに陥りそうだ。以前埼玉県では破風山を「破不山」と呼ぶことがあったのを、この時まで私は知らなかった。

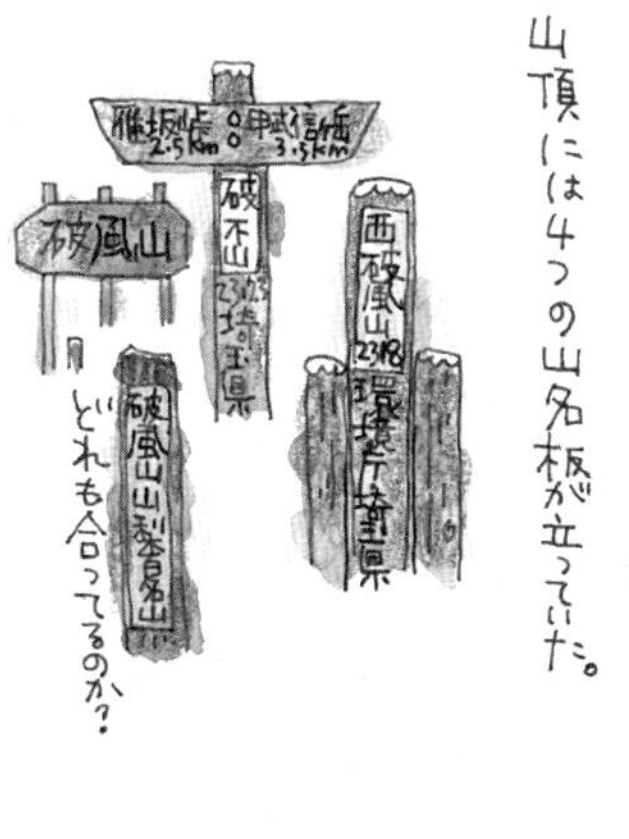

MEMORIES

『山と溪谷』の取材を兼ねて行った。何度か沢登りに行ってるけど、私は沢歩きが下手で2人をたびたび待たせた。つい先日、友達と沢登りに行ったら、やっぱり下手。「慣れだよね」って言われたけど、いつになったら慣れるの？

関東
奥秩父

MOUNTAIN CABIN

NO.17 乾徳山高原ヒュッテ

2017.8.19

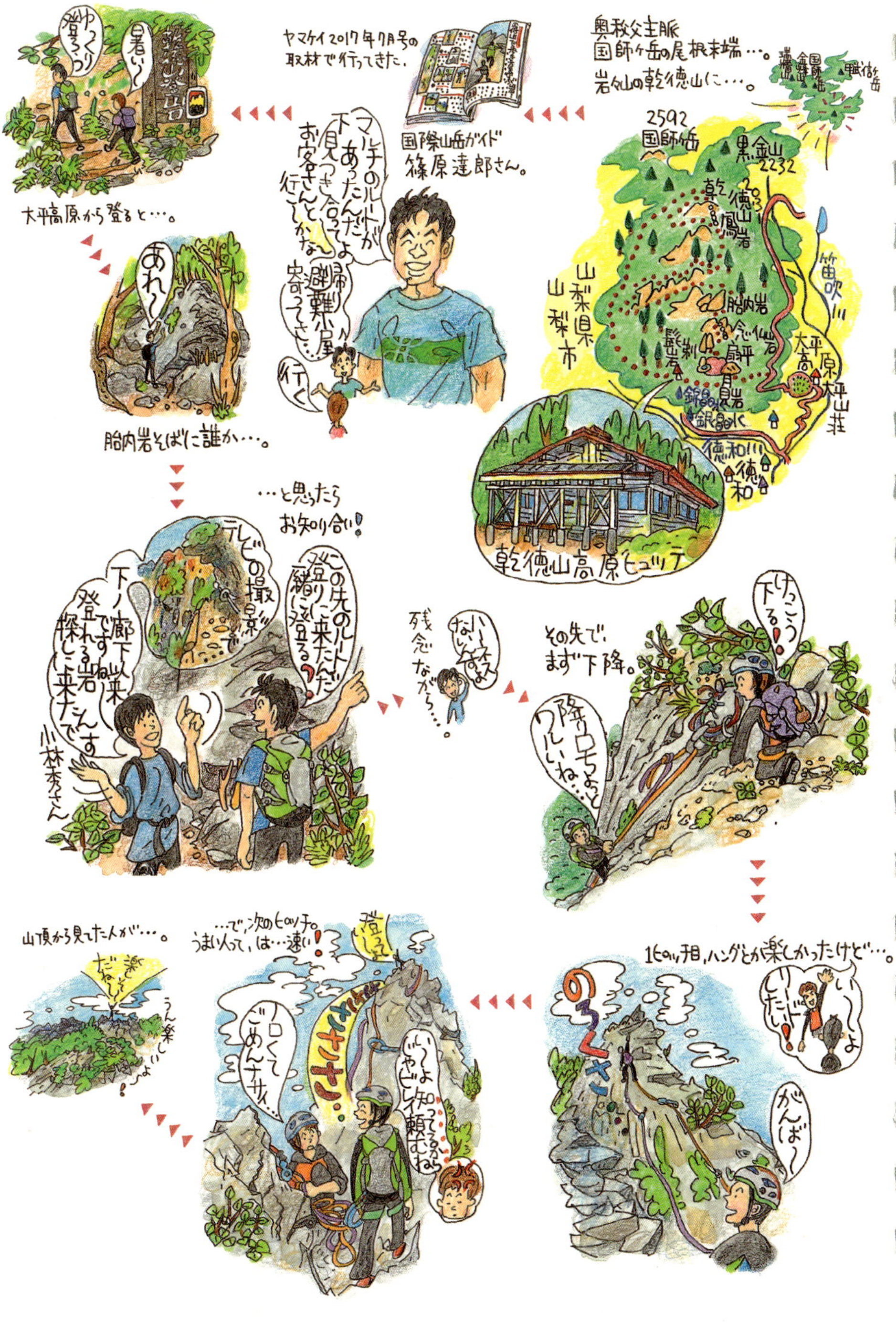

奥秩父主脈
国師ヶ岳の尾根末端…。
岩々山の乾徳山に…。
2592
国師岳
黒金山
2232
乾徳山
2031
鳳岩
笛吹川
胎内岩
髭剃岩
扇平
月見岩
大平高原
大平山荘
錦晶水
銀晶水
徳和川
徳和
山梨県
山梨市
乾徳山高原ヒュッテ
ヤマケイ2017年7月号の
取材で行ってきた。
国際山岳ガイド
篠原達郎さん。
マルチのルートがあったんだが
下見つき合ってよ
お客さんと行こうかなって
帰り避難小屋寄ってきた…
行く
暑い〜
ゆっくり登ろう
大平高原から登ると…。
あれ〜
胎内岩そばに誰か…。
…と思ったら
お知り合い！
この先のルート登りに来たんだ
一緒に登る？
テレビの撮影で
下ノ廊下以来ですね
登れる岩探しに来たんです
小林秀さん
残念ながら…。
ないっす
その先で、
まず下降。
けっこう下る！
降り口ちょっとワルいね…
1ピッチ目、ハングとか楽しかったけど…。
リードしたい！
い〜よ
のろくさ…
がんばっ〜
…で、次のピッチ。
うまい人って、は…速い！
登ろう
ささっ…
ノロくてごめんナサイ…
い〜よ知ってるから
じゃビレイ頼むね
山頂から見てた人が…。
楽そうだねえ
うん楽しいよ〜！

MOUNTAIN CABIN

NO.17

乾徳山高原ヒュッテ

『山と溪谷』２０１７年7月号の取材で、乾徳《けんとく》山に行ってきた国際山岳ガイドの篠原達郎さん。高校3年生のときに友達と登って以来だそうだ。「久々に行ったら楽しかったなぁ〜。新しいクライミングルートがあったから行ってみない？」と誘われた。

昭和40（１９６５）年代、麓の徳和集落に住んでいた故名取甲記さんが、この場所を県から借り、食事や宿泊もできる山小屋の経営を始めた。ペンションのネーミングは営業小屋だったからなのだ。当時、管理人小屋とトイレは別棟にあった。また、登山ブームのただ中で登山者が多かったので、小屋近くの徳和集落への分岐点に大平牧場（現在閉鎖中）が経営する売店もあり、新鮮な牛乳やパンなどを売っていたそうだ。

その後、登山者が減少し、１９７０年以降、小屋は不定期営業に。昭和50（１９７５）年代後半に避難小屋となり、三富村の管理となった。２００５年3月に管理は山梨市に移行し、14年、内部とトイレを改修した。

大平登山口から歩き始めた。ところどころで林道を絡め、セミの声が響く森を進む。緩い傾斜と久々の晴れ間が、じわじわと汗を絞り出していく。

DATA

所在地●奥秩父主脈中央にある乾徳山（2031m）の南尾根末端（1574m）。南側の大平高原から1時間30分。徳和集落からは1時間40分。クライミングルートは、取付への下降点から山頂まで2時間ほど

収容人数●15人

管理●通年無人、無料

水場●小屋から徳和方面に5分下った錦晶水。徳和登山口付近にも銀晶水がある

トイレ●小屋内にあり

取材日●2017年8月19日

問合せ先●山梨市役所観光課☎0553-22-1111

月見岩でひと休みして、進んでいく。山頂までは髭剃岩、雷岩、なんて名前のついた岩場や鎖場が点在する。そんな変化に富んだこの山は人気があり、平日だというのに、登山者の姿も多い。胎内岩そばにいた男性が、「あ！篠原さんお久しぶりです」と近寄ってきた。以前テレビの取材で黒部《くろべ》の下《しも》ノ廊下《ろうか》へ同行したそうだ。登れる岩を探しに来たと言うので、「じゃあ、一緒に登る？」と誘ったけど、ハーネスがなくてダメだった。

その先で、登山道から3ピッチ下降。ルート図がないので、少し探して、ルンゼ横の取付に到着。最初のピッチはハング越えなんかがあり、楽しそう。「リードしたい！」と私が先に登り始めた。

ルートは1本ではないらしく、古い支点が残り、あれこれ迷って時間がかかってしまった。セカンドで登ってきた篠原さんに「ノロくてごめんナサイ」と言うと、「い〜よ。知ってるから」ときついことを笑顔で言う。ムカッっとしたのも一瞬で、2ピッチ目を登る篠原さんの速さに、目が点。うまいな〜。

そのあともツルベで登っていく。ガスが出て、左側の乾徳山山頂は見えたり隠れたり。山頂で見ていた人が「そんな所登れるんだ？」と叫んだ。いったん登山道に出て、最後のピッチで山頂に。ちょうど一般道を登ってきたカップルに「どこから来たんですか？」と驚かれた。このピッチは易しいけど意外に楽しかった。篠原さん、40年来なかった山頂に、今年2回も登頂だね！

MEMORIES

この岩場、登山道から懸垂下降して取り付くとは知らず、一度敗退して二回目に登った。難しくないけど露出感があって楽しいルートだったよ。乾徳山は岩山だから、ほかにもルートがありそう。

関東
西丹沢

MOUNTAIN CABIN

NO.18 一軒屋避難小屋

2014.8.12

昔西丹沢にいくつかあった分教所
ストーブではなく囲炉裏があったのだとか
丹沢山塊はわりと広大なのだ。
加入道山
畦ヶ丸
大界木山
蛭ヶ岳
鍋割山
塔岳
大山
宮ヶ瀬湖
丹沢湖
一軒家避難小屋はここ
小田急線
新松田
登山口のバス停で降りると雨が降ってきた。
さて行こうか
大滝橋
最初から雨だね
くらちゃんこと倉田薫
ユーコさんこと相場裕子
顔色悪いよ。
バスに酔ったし・・・・。
登山道横の沢きれいだったなぁ〜。
沢登り来たいね
←ほおの葉を持って歩くくらちゃん
小屋に着いたら山の下着姿でごはんを作り
ヨカッタ誰も来なくて・・・。
ステキなごはん！
ほとんどユーコさん手作り。
くらちゃんナイス！→
翌朝畦ヶ丸に登った
畦ヶ丸山頂1292.6m
到着早々シャッターを押してくれたトレランのお兄さんありがとう。

MOUNTAIN CABIN NO.18

一軒屋避難小屋

友人のくらちゃんとユーコさんとで山に行こうと話した。股関節を痛めていたくらちゃんが、そろそろ復帰できそうだったからだ。ふたりとも立川山岳会のメンバーで、前年秋、仲間8人でタイのプラナンへクライミングに行った。久々にゆっくり宴会もしたい。

3人とも西丹沢《にしたんざわ》は初めて。避難小屋に泊まり、翌日、畦《あぜ》ヶ丸《まる》から大界木《だいかいぎ》山を歩いて山梨県側に下り、ゴールは「道志《どうし》の湯」と、くらちゃんが計画を立ててくれた。

1977年に西丹沢に三保ダムが建設され、丹沢湖ができた。それ以前、森林資源が豊富なこのあたりは林業や製炭事業が盛んで、付近にはそれに従事する人々の集落と、子どもたちのための分教所がいくつかあった。一軒屋《いっけんや》避難小屋のある場所にも集落があり、43年からしばらく分教所が開校されたが、その後廃校になった。72年に東海自然歩道が整備された際、分教所跡付近に現在の一軒屋避難小屋が建てられた。

小田急線の新松田からバスに揺られること1時間。くねくね道ですっかり車酔いをしてしまった。おまけにバスを降りたとたんにシトシトと雨が。

DATA

所在地●西丹沢・畦ヶ丸（1293m）南東ステタロー沢と鬼石沢出合（800m）。丹沢湖上流・中川川沿いの大滝橋バス停から1時間30分
収容人数●10人
管理●通年無人、無料
水場●小屋脇のステタロー沢から
トイレ●なし
取材日●2014年8月12～13日
問合せ先●神奈川県自然環境保全センター自然公園課
☎046-248-2546

カッパを着て出発。林道終点で、ボーイスカウトがキャンプをしていた。きれいなブナの森の中の登山道は、整備をされていてとても歩きやすい。すぐ横を沢が流れている。今度は沢登りにも行きたいね。

小屋に着くと、雨は本降りになった。さすがに人は来ないだろうと、びしょびしょの服を脱ぎ、みんな下着イッチョでごはんの支度を始めた。

ごはんはユーコさんが準備をしてくれていて、「タイで食べられなかったよね」と、ガパオライス！ いやぁウマカッタ。たくさん食べて話し、明かりを消すと小屋の中は本当の真っ暗闇になった。横になってすぐ、ユーコさんが「ぎゃ！」と叫んだ。天井から蜘蛛が顔に着地したみたい。

翌日、沢沿いの道から尾根にあがり、畦ヶ丸から大界木山へ。ゴールの道志の湯まではもうちょっとだ。楽しかったなぁと座り込む。静かな山頂は、ブナの木々が風に揺れ、遠くに聞こえる富士山麓の自衛隊演習所の音に、この場所が人里離れた場所だと思い出す。話していると時間があっという間に過ぎていた。こんなにのんびりしたのは久しぶりだ。

そこから少し進んで林道に降り、あとはお湯につかるだけだと思っていると、あるはずのないキャンプ場に着いてしまった。どうも様子がおかしい。地図をよくよく見てみると、途中で右に曲がるところを左に曲がってきていた私たち。道志の湯は山ひとつ向こうだ。ガーンどうしよう……。

下山後
訳あって車に乗せてもらった。
カサマです
せめてお名前を

MEMORIES

西丹沢は初めてだったけど、東丹沢と雰囲気が違うのでびっくり。この行程はハードじゃないし、途中で座りこんで、2時間くらい経っていた。下山後に大ショック。また3人で行こーと言いながら、なかなか行けないよ。

MOUNTAIN CABIN

NO.19 巻機山避難小屋

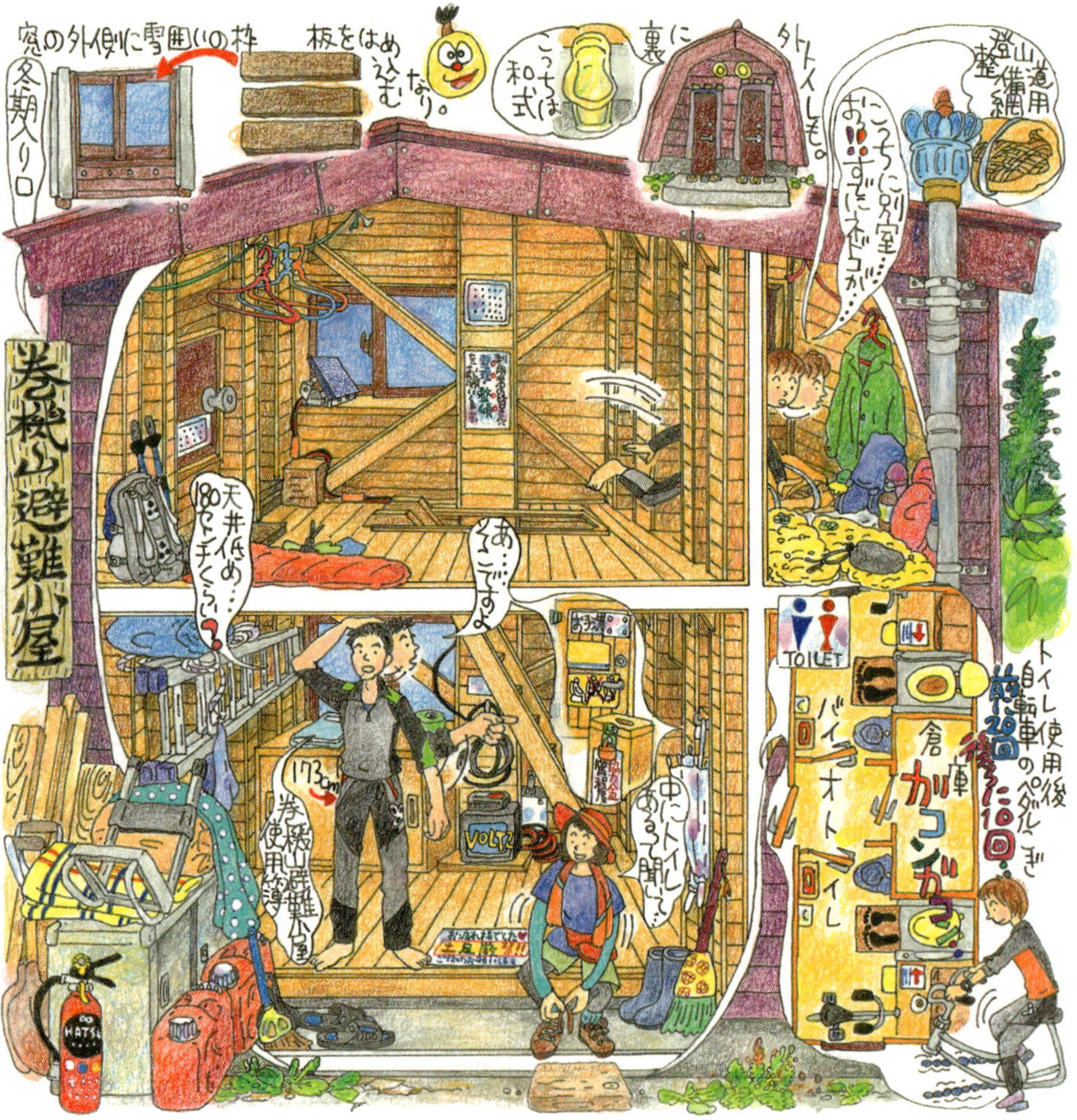

2017.9.9

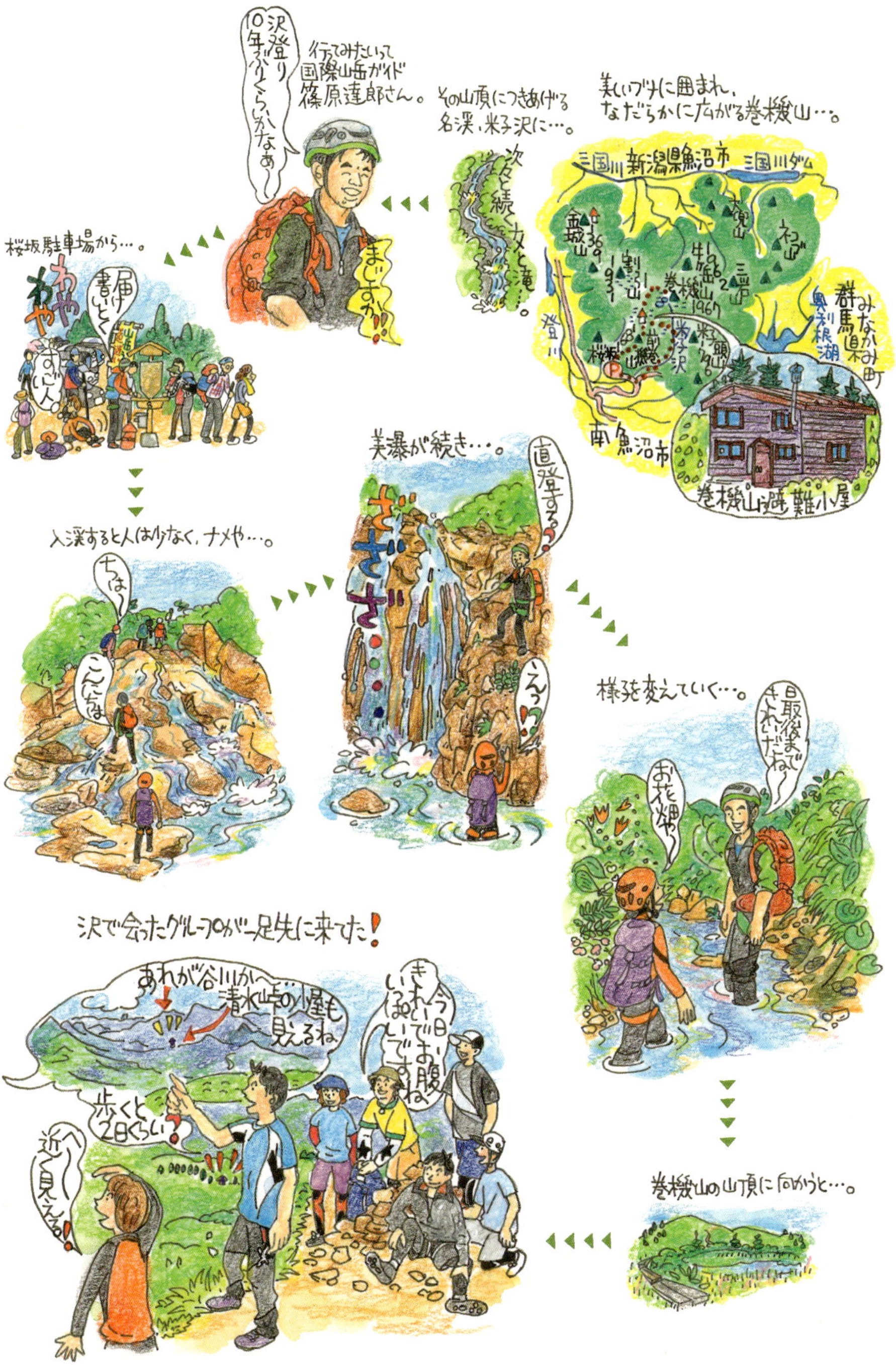
美しいブナに囲まれ、
なだらかに広がる巻機山…。
三国川
新潟県魚沼市
三国川ダム
金城山 1369
割引山 1931
牛ヶ岳 1962
巻機山 1967
ネコブ山
登川
桜坂
前巻機山
米子沢
奥利根湖
群馬県みなかみ町
南魚沼市
巻機山避難小屋
その山頂につきあげる
名渓、米子沢に…。
次々と続くナメと滝…。
行ってみたいって
国際山岳ガイド
篠原達郎さん。
沢登り10年ぶりくらいかなぁ〜
まじすか!!
桜坂駐車場から…。
わやわや
届け書いとく
すごい人。
入渓すると人は少なく、ナメや…。
ちは〜
こんにちは
美瀑が続き…。
ざざざ…
直登する?
えっ!?
様子を変えていく…。
最後まできれいだね〜
お花畑や〜
巻機山の山頂に向かうと…。
沢で会ったグループが一足先に来てた!
あれが谷川か〜…
清水峠の小屋も見えるね。
今日、お腹
きれいですね
いっぱい
歩くと2日くらい?
へ〜近く見える!

MOUNTAIN CABIN

NO.19

巻機山避難小屋

いかつい岩壁で覆われる越後の山にあって、巻機《まきはた》山はたおやかで美しい山容を見せる。その山頂に突き上げる米子《こめこ》沢は、ナメと美瀑が続く、広く明るい人気の沢だ。

国際山岳ガイドの篠原達郎さんに、「上信越の沢、きれいですよ〜」と言うと、「米子沢は前から行ってみたかったんだ」と同行してくれた。国内外の岩壁に登りまくっている篠原さんだが、沢登りはなんと10年ぶりとのこと。お客さんに「篠原さん、沢には行かないんですか?」って言われたのがきっかけで、久々に行きたくなったそうだ。

１９５６年、日本山岳会がマナスル（８１５６ｍ）に初登頂したのを機に、国内では第一次登山ブームが起こり、登山者が増えた。それにより、59年、頂上手前にひと休みできる場所をと、旧塩沢町（２００５年南魚沼市に編入）が小屋を建てた。この場所を選んだのは、水場が近く、雪田や草原を避けたから。老朽化により、00年11月に改築された。

小屋と登山道の管理は、巻機友の会が、南魚沼市から委託されている。会の創設時（74年）は、登山者のマナーがよくなく、ゴミが増え、登山道は荒

DATA

所在地●新潟県南東部・群馬県との県境にある巻機山（1967m）の山頂南西（1805m）。桜坂駐車場から前巻機山経由で4時間30分。米子沢を遡行する場合は、駐車場そばの入渓点から小屋前の終了点まで約5時間

収容人数●20人

管理●通年無人。トイレ使用時には協力金100円程度を支払う

水場●小屋から徒歩10分の米子沢

トイレ●小屋内にバイオトイレ、別棟にもあり

取材日●2017年9月9日

問合せ先●南魚沼市役所商工観光課☎025-773-6665

れていた。そこで初代会長の長谷川眞砂弘さんを中心とした地元の登山愛好家たちが、清掃登山をしようと立ち上がったのが始まりだ。現在の会員数は17人。二世会員も多く、6月の雪解け後の無雪期は、毎週1回2人一組で小屋を訪れ清掃をしている。

朝の登山口の桜坂駐車場はあっという間に超満員。すごい数の登山者だ。入渓し、ゴロゴロした河原を進んでいく。小滝を越えると左手のスラブから枝沢が入り、その先で沢が開けてきた。青い空がぱぁっと広がり、そのなかに白い岩肌の沢が広がっている。次々と現われるナメや滝を進み、ゴルジュを抜けると、また広々としたナメが続く。やがて流れが穏やかになり、お花畑の中の小さな流れを歩く。「最後まできれいな沢だね～。それに奥多摩や奥秩父の沢と全然違う」と篠原さん。

沢では、長野県の5人パーティと、神奈川県の高校山岳部パーティに会い、抜きつ抜かれつで進んだ。駐車場にいたほとんどの人は、一般登山道から巻機山山頂をめざしたようだ。

沢の遡行を終え、小屋でひと休みした後、巻機山の山頂へ。長野グループが先に到着していた。真っ青な空のなか、この日来れてよかったねと言い合った。篠原さんが、沢登りは10年ぶりだと話すと驚かれた。「へ～。でも登るの上手ですね。クライミングは？」

それだけは続けてるんですよ
いやー

MEMORIES

沢に行かない篠原さんが、この米子沢と谷川連峰の西ゼンには行きたかったそうだ。私は、昔行ったけど、全然記憶と違っていた。途中で会った長野グループは、翌日小川山でクライミングって言っていた。元気だなぁ。

MOUNTAIN CABIN

NO.20 駒の小屋

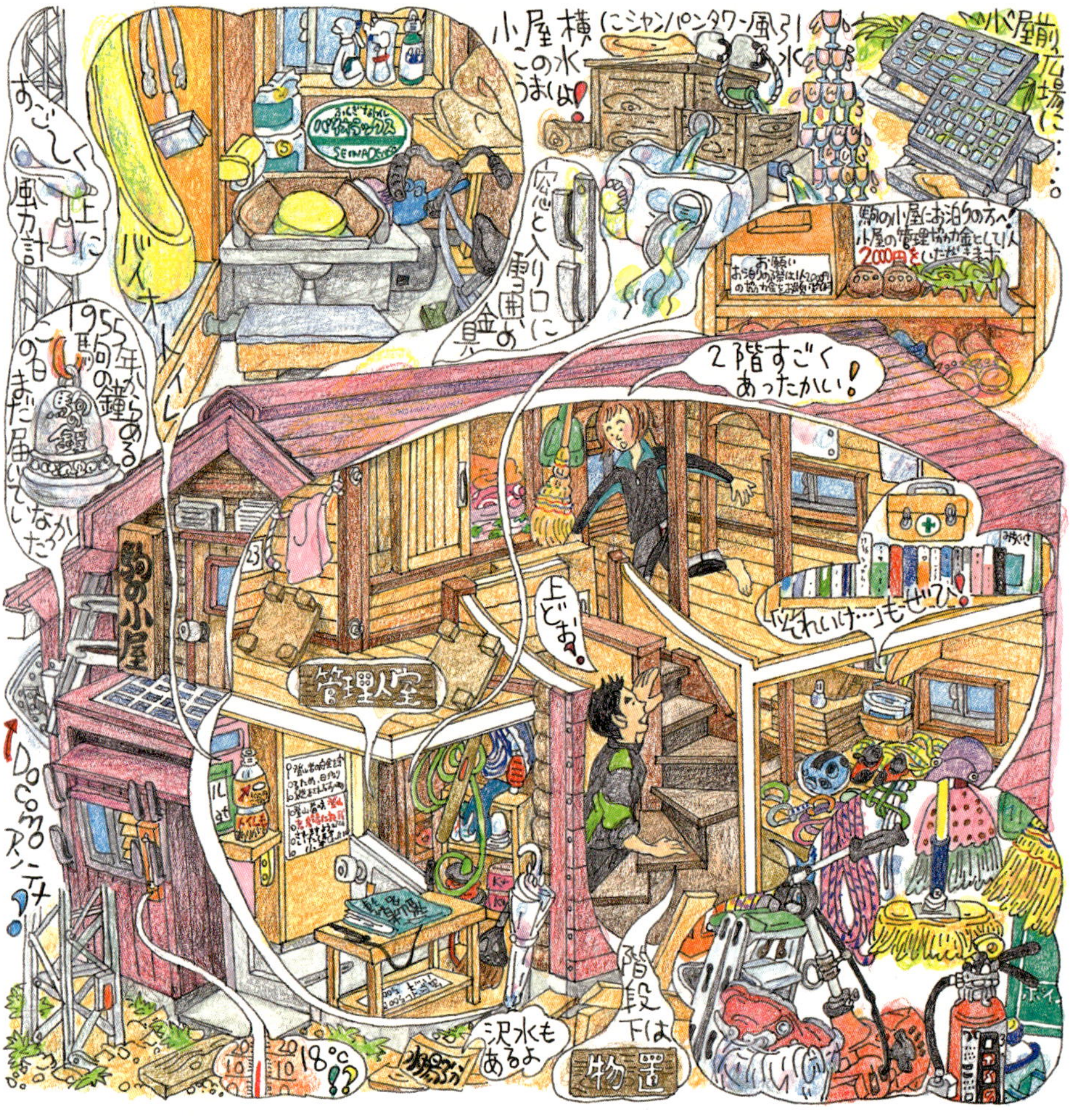

2018.6.4

越後駒ヶ岳の北、
佐梨川銀山道の奥…。
かつて「最大かつ最悪」と言われた
金山沢奥壁に…。
南魚沼市
駒の湯
新潟県魚沼市
郡界尾根
水無川
金山沢
佐梨川
フキギ
小倉山 1378
オツルミズ沢
八海山 1778
越後駒ヶ岳 2003
中岳 2085
駒の小屋
登りたい！
国際山岳ガイド 篠原達郎さんとやってきた。
登るぞん！
第4スラブ（4スラ）の下部は
雪渓から渡れず…、
4スラ
2スラ
ごろスラ
ありゃ
2スラから
取り付いた。
あらら。
登り始めると…。
あららら…。
最終ピッチ
ゲキヤバで…。
ガガガ
アブミ最上段でボルト打ちの術なり～
松山
残置支点ゼロだから初登みたいになっちゃうね～
そして50mランナウトか～…
あ
鉱山道ずへっと見えるよ
お！
越後駒ヶ岳も初
オレもー！
わーい！
駒ヶ岳 2003m
滑ってく…
のど乾いた
ズル
稜線に出たら
日が暮れた。
翌日
郡界尾根と
オツルミズ沢を
歩き…。

MOUNTAIN CABIN

NO.20

駒の小屋

越《えち》後駒《ごこま》ヶ岳北側を流れる佐梨《さなし》川の源頭・金山《かなやま》沢の奥壁は、雪崩に磨かれた高低差500mのスラブで構成される。

国際山岳ガイドの篠原達郎さんと、第4スラブ（4スラ）を登り、郡界尾根とオツルミズ沢を歩いて、越後駒ヶ岳に行こうと計画した。壁はもちろん、越後駒ヶ岳に登るのも初めてだ。山頂の少し下に小屋がある。

1950年8月5日、現在の場所に、地元の小出山の会が湯之谷村の補助を受けて初代「駒《こま》の小屋」を建てた。厳冬期以外は管理人が常駐する山小屋で、登山者は宿泊費として30円を支払った。強風のため崩壊し、54年に2代目、その後64年に3代目に建て替えられた。85年、新潟県が国定公園施設整備事業により4代目に改築。2001年、自然公園等施設整備事業により、現在の5代目の小屋に建て替えられた。

3代目の小屋から管理は湯之谷村が行なっていたが、04年の町村合併により、管理は魚沼市に移行した。市は現在、NPO法人魚沼自然大学に小屋の管理を委託し、シーズン中の週末や祝日を中心に、管理人が入山している。

初日、鉱山道を歩いて金山沢奥の台地に到着。翌早朝、雪渓に降りた。4

DATA

所在地●越後三山のひとつ、越後駒ヶ岳（2003m）の山頂東、小倉尾根と郡界尾根交差点鞍部（1890m）。魚沼の駒の湯から佐梨川鉱山道、金山沢奥壁登攀〜郡界尾根経由で3日。駒の湯から小倉尾根経由で6時間

収容人数●40人

管理●5月初旬〜10月中旬の週末・祝日は管理人が駐在。期間外は無人開放。管理協力金として2000円を支払う

水場●小屋前の引水または小屋北側の沢水

トイレ●小屋内にあり

取材日●2018年6月2〜5日

問合せ先●新潟県魚沼市役所商工観光課観光振興室☎025-792-9754

スラ取付は、シュルントが大きく開き、壁に取り付けない。上流側の2スラから取り付き、3スラに移動して、さらに右の草付から懸垂下降して4スラの2ピッチ目あたりに到着し、登攀を開始した。

下部は傾斜が緩く、難しくはない。リードは登攀用具と水、行動食のみを持ち、セカンドがそのほかの荷物を背負う。私は久しぶりのアルパインルート。様子を見るため、篠原さんがリードし、セカンドで登り始めた。途中で、自分がリードしたら?と考えたが、ルートファインディングしながらプロテクションが取れないこの壁を登り、支点を構築してセカンドを登らせることを確実にできるかと考えると自信がなかった。それでも長い間来たかったこのルートを登れるのがうれしかった。前日歩いてきた鉱山道は、はるか下だ。ここに来なければ見られない景色だ。

ゲキヤバの最終ピッチを越え、ブッシュを抜けて稜線に出た時には、心の底からホッとした。狭いテラスで一夜を過ごし、翌日、郡界尾根とオツルミズ沢の雪渓を歩いて小屋に到着。沢に降りたら思いきり水を飲もうと思っていたのに、体が乾きすぎていたのか、少ししか飲むことができなかった。

小屋で一泊し、翌朝ゆっくりと山頂を往復してから下山した。55年からある「駒の鐘」は、この時は修理中で見られなかった。

ところで。ヤバい壁を抜け、気づくとあたり一面毛虫の巣。泣いたよ～。

MEMORIES

長い間登りたかったこの壁。2年前の秋に下見に行った時には私が沢でずっこけて仙骨を骨折し、1年前の同時期は天気が悪くて登れなかった。この日は前年とは比較にならないほど天気がよく、壁の中はフライパン状態だった。

MOUNTAIN CABIN

NO.21 御神楽岳避難小屋

2014.9.3

御神楽岳という
美しい名の山は…。
蝉ヶ平
新潟県
鉱山跡
高頭
湯沢
湯沢頭
御神楽岳
1386.5m
本名
御神楽岳
1266m
福島県
アシンメトリー
東面をスラブの壁で固める。
いつか
自分たちで
新ルートを…
50年ほど前
会津高校山岳部のメンバーは、
何度も通ったとか。
学校にはナイショで。
ここ！
昔から
行きたかったんだよ
びしっ
K2遠征（1985年）から
長持ちしてるシャツ
大先輩の飛田和夫さん
"とびさん"
湯沢を進んでいったら
ザブザブ
ザブ
わ
かっこいい
でも今日の
装備じゃムリだね
取り付き素通りして
最奥のスラブまで来ちゃって
さくっと
草ね
あるし…
右手の草付から
ルートに合流しようと
いう作戦
…が甘かった。
ひ〜
草しか
ないし〜!!
ルートの終了点に着いたら
ヘトヘトで
まってて
ね
デポ
231
座目です
翌日は300名山登頂を目指す人
に会った。
こっちが安達太良山で
こっちがモンゴル…
って書いてあったんだよ！
御神楽岳頂上
山名標示板
御神楽岳山頂に着いたのはうす暗くなった頃
とりあえず記念写真。

MOUNTAIN CABIN NO.21

御神楽岳避難小屋

大先輩のとびさんから「御神楽岳《みかぐらだけ》の岩場に行こうよ」とお誘い。以前から登ってみたかったのだとか。宗教登山として古くから登られたこの山は、１９４３年に東面の開拓が始まり、岩場や沢のルートが多い。

山頂から南の稜線沿い、新潟県と福島県の県境に本名《ほんな》御神楽岳があり、そばに避難小屋がある。「本名」は地名。

小屋は82年に福島県金山町が建設。その際に福島県立会津高校の山岳部OB会から１２６万円の寄付があった。現在の山岳部顧問・渡部信洋先生と、OB会会員の大島寅次郎さんにお話を伺った。

大島さんが高校生だった約50年前、山岳部の部員たちは、学校に内緒で御神楽岳の東面によく通った。当時高校山岳部は岩登り禁止で、北アルプスなどの有名な岩場は遠く、部員たちは、「いつか御神楽岳の岩場に新ルートを作りたい」という熱い情熱をもっていた。一時解散した山岳部OB会は、78年の福島県・浅草《あさくさ》岳での高校総体開催をきっかけに活動を再開。旧友と山に行くうち、思い出の地・御神楽岳付近に自分たちの山小屋を作りたいと考え

DATA

所在地●本名御神楽岳（1266m）から南南西に15分（標高1110m）。新潟県側・蝉ヶ平集落から登山道を経て、湯沢を遡行。高頭スラブを登り、本名御神楽岳経由で約10時間。福島県金山町の登山口からは、3時間30分（2018年7月現在、林道が土砂崩れで通行止め）
収容人数●10人
管理●通年無人、無料
水場●小屋裏から西へ200mの谷水。往復15分
トイレ●なし
取材日●2014年9月3～4日
問合せ先●福島県金山町役場復興観光課観光係☎0241-54-5327

るようになった。ちょうどそのころ、金山町が御神楽岳に避難小屋建設を決めた。大島さんたちは、場所選定やヤブ刈りをして、OB会で基金を募り、その結果が126万円の寄付だったのである。

小屋は金山町が管理をしているが、豪雪地帯にあるため破損が激しく、2008年に修繕をした際には、現役部員たちも資材運びを手伝ったそうだ。

とびさんとの今回のメインは東面の高頭《こうつむり》スラブを登ることだが、その後、御神楽岳から本名御神楽岳を縦走して、避難小屋に泊まろうと計画した。

蝉《せみ》ヶ平から鉱山跡を通り、湯沢の分岐で入渓して広谷川源流の湯沢を遡行。白い川床がきれいだ。もう秋だけど、今年初めての沢だなぁ。進んでいくと、スラブの取付を素通りしてしまった。湯沢左岸にはルートがいくつかあるが、近年登りに来る人が少ないので、ヤブが繁茂し取付がわかりづらい。近くの草付から登り始めるとハマりまくり、終了点に着いたときはヘトヘト〜。その先は必要ないので、登攀用具をデポした。

栄太郎新道に合流すると、ガスが出てきて辺りはまっ白。岩稜を3時間ほど進むと御神楽岳山頂に着き、長い稜線を歩いて避難小屋に入った。

小屋に一泊し、翌日はカラリと気持ちのいい秋晴れ。御神楽岳山頂でくつろいでいると三百名山完登をめざす男性がやってきた。下山中、デポ地点からは、昨日見えなかった御神楽岳までの稜線が一望できた。

MEMORIES

この山はまわりを岩で固められ、山頂近くの雨乞峰から見る大スラブは圧巻だ。つい先日、またこの山に行った時は、北西の室谷登山口から登った。植林のない、ブナと沢に囲まれた美しい森。また違った一面を見せてくれた。

MOUNTAIN CABIN

NO.22 米山山頂小屋

中部

新潟

2014.5.11

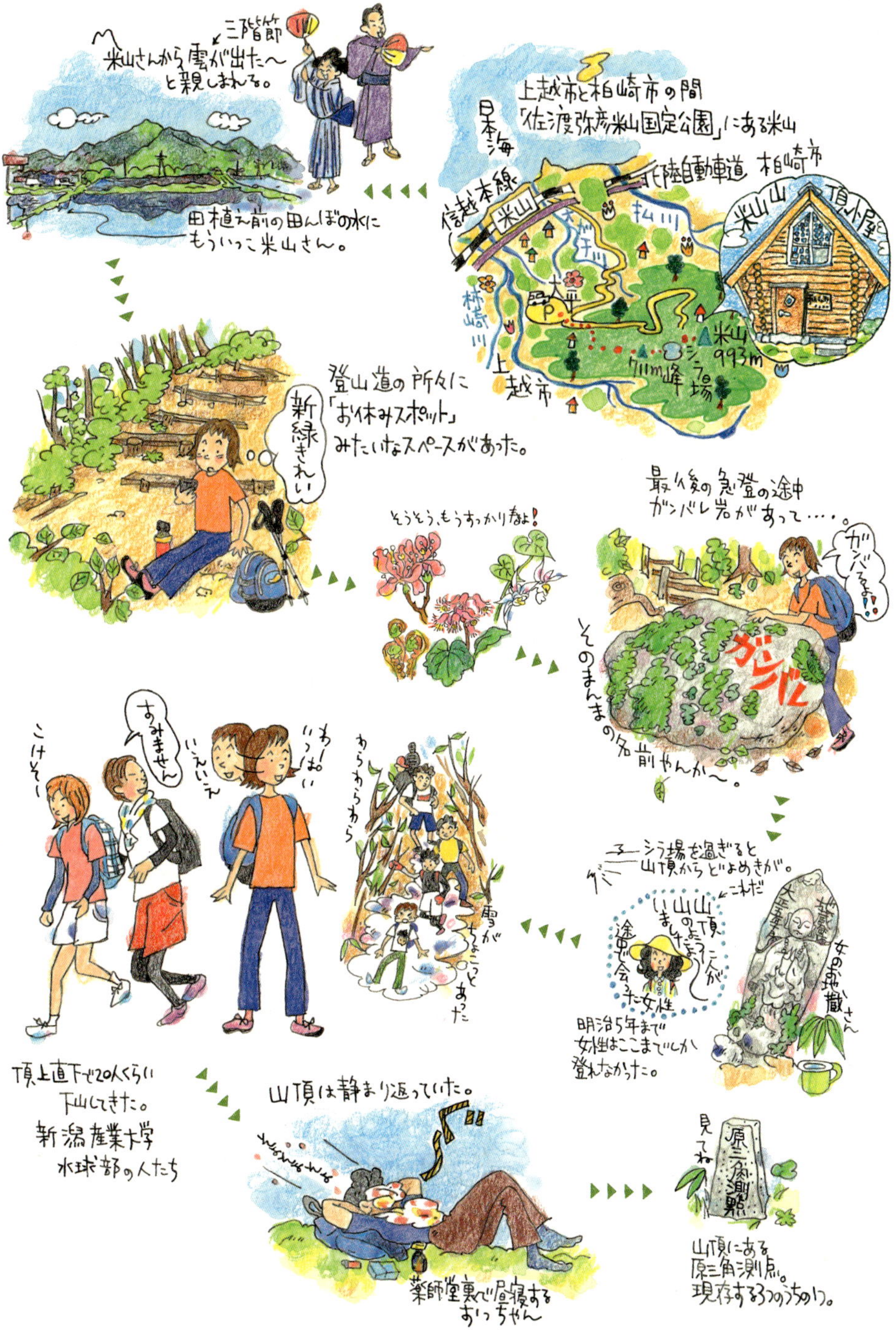
三階節
米山さんから雲が出た〜
と親しまれる。
田植え前の田んぼの水に
もういっこ米山さん。
上越市と柏崎市の間
「佐渡弥彦米山国定公園」にある米山
日本海
信越本線
米山
北陸自動車道
柏崎市
払川
大平
柿崎川
上越市
711m峰
シラ場
米山
993m
米山山頂小屋
登山道の所々に
「お休みスポット」
みたいなスペースがあった。
新緑きれい
そうそう、もうすっかり春よ！
最後の急登の途中
ガンバレ岩があって・・・・。
ガンバるよ!!
ガンバレ
そのまんまの名前やんか〜。
シラ場を過ぎると
山頂からどよめきが。
これだ
途中で会った女性
明治5年まで
女性はここまでしか
登れなかった。
女のお地蔵さん
こけそー
すみません
いえいえ
わーいっぱい
わらわらわら
雪がちょこっとあった
頂上直下で20人くらい
下山してきた。
新潟産業大学
水球部の人たち
山頂は静まり返っていた。
薬師堂裏で昼寝する
おっちゃん
見てね
原三角測點
山頂にある
原三角測点。
現存する3つのうちの1つ。

MOUNTAIN CABIN

NO.22

米山山頂小屋

５月の連休明け、栂海《つがみ》新道の白鳥《しらとり》小屋を訪れ、その帰りに、わりとすぐに登れそうなこの山にも登りに行った。

登山道はいくつかあるが、いちばん登られている大平《おおだいら》から向かった。駐車場はほぼいっぱい。出発すると、たくさんの人とすれ違った。

山頂にある米山《よねやま》薬師は、和銅５（７１２）年に泰澄《たいちょう》大師が開いたと伝えられる。小さなお堂だが、愛知県の鳳来寺《ほうらいじ》薬師、宮崎県の法華嶽《ほけだけ》薬師とともに、日本三薬師のひとつらしい。田畑の豊作や雨乞い、人や動物の守護や海上の安全を祈願して古くから信仰を集め、訪れる人は多い。参拝を含めた登山者の休める場所が欲しいという要望があり、１９９０年、上越市柿崎区と柏崎市が共同で小屋を建設。現在、柿崎山岳会と柏崎山岳会を中心とした「米山山頂避難小屋連絡協議会」が、小屋や周辺登山道の管理・整備を行なっている。

ほんの少し前まで雪山に行っていたのに、日差しは暖かく、新緑が目にしみるように鮮やかだ。足元にはかわいらしい花が咲いている。もうすっかり春だなぁ。登山道途中に点在する小さなお休みスポットでお茶を飲みながら、

DATA

所在地●新潟県柏崎市と上越市柿崎区の境界にある米山（993m）の山頂直下（989m）。山頂北西の大平登山口駐車場から2時間30分

収容人数●35人

管理●通年無人、無料。管理は、米山山頂避難小屋連絡協議会が行なう

水場●山頂直下、大平登山道から南側斜面を30秒下った場所にあり

トイレ●小屋外にあり

山行日●2014年5月11日

問合せ先●上越市柿崎区総合事務所産業グループ☎025-536-6707、柏崎市産業振興部商業観光課☎0257-21-2334

のんびりと進んだ。

稜線に二ノ字という広場があり、進んでいくと711m峰に着いた。地元のガイドさんのグループがいて、そこから見える妙高《みょうこう》山、火打《ひうち》山、焼《やけ》山の説明を聞いていた。再び森に入り、急な登山道途中のガンバレ岩を過ぎるとシラ場と呼ばれる場所に出た。明治5（1872）年、女人結界が解かれるまで、女性はここまでしか登ることができなかった。お地蔵さんは女顔で、袈裟はヒラヒラしている。

山頂からがやがやと声が聞こえ、やがて大勢のグループが下山してきた。新潟産業大学の水球部のメンバーだという彼らは、山頂でごはんを食べたり写真を撮ったりしていたのだそうだ。

彼らが去った後の山頂は静まり返っていた。眼下に春の陽気に霞んだ日本海が広がる。海と空の境界がぼんやりとにじみ、その中に佐渡島が浮かんでいた。海岸線そばで風力発電の風車が回り、その向こうに柏崎原発が見える。海を見ていると、途中で追い抜いたガイドさんの一行が到着。山頂は再びにぎやかになった。先ほどから昼寝をしているおっちゃんからは、本気のいびきが聞こえてきた。

市街地のすぐ近くにこんなにのんびりとできる山があるのだ。来てよかった。今日はたくさんの人に会ったなぁ。

MEMORIES

このあと、この山のそばを通ると、あの気持ちのいい山頂を思い出す。夕方、下山中に会って「上で酒……」って言っていた人は、ご近所さんではなく、わざわざ長岡から来たと言っていたが、それもわかるような気がする。

MOUNTAIN CABIN

NO.23 岩菅避難小屋

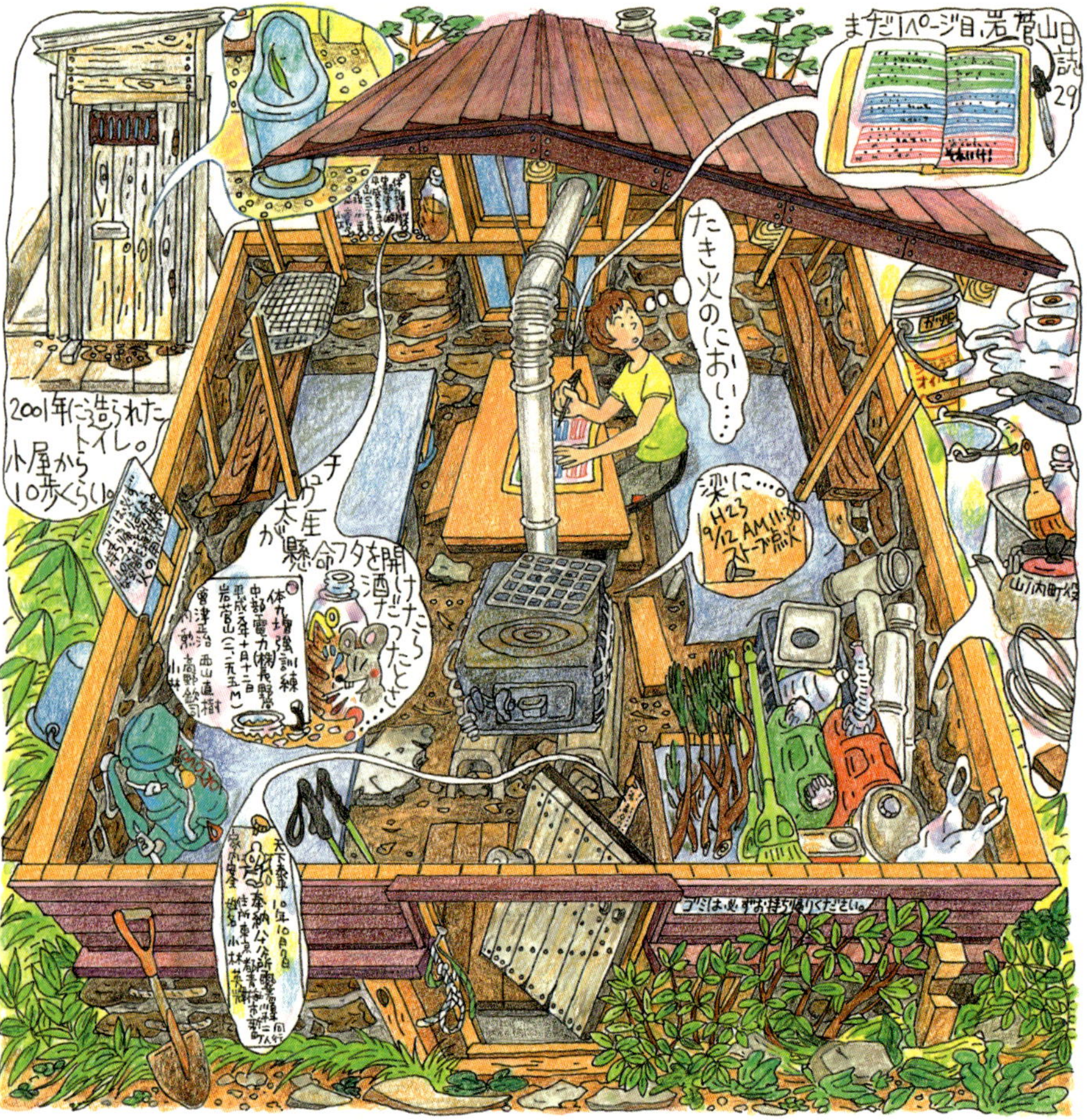

2017.7.3

さわやか〜
アップダウンないし…
なーんて のん気に歩いてたら
登山口 間違えてて….。
仕切り直して…。
底清水&ひマラ岩
水路ぞいの 道を歩き…。
登山口にもおっちゃんが。
これ? 牛のベルだよ
俺もタケノコ採りに来たんだ
だ〜いぶ上から すごい音聞こえてたよ?
注 このへんのタケノコ、
地権者のみ採ってええそう。
志賀高原の北にある岩菅山。
展望の山で知られる。
長野県 山ノ内町
群馬県 中之条町
鳥甲山 2038
魚野川
1960 焼額山
信越自然歩道
中岳
烏帽子岳 2231
裏岩菅山 2341
聖平の上
アライ沢
岩菅山 2295
底清水
寺小屋峰
赤石山
志賀山 2036
熊の湯
草津白根山 2160
岩菅避難小屋
毎年夏に夫の実家に帰省するのがおっくうで…
大変〜
途中で大音量のラジオが…。
ネマガリタケ採ってる?
ハッキリで一休みして…。
なにごと?
集合する羽虫たち
その先…。
まだまだやし
…と思ったけど…。
ひと登りで山頂へ!
草津白根山の上に雲が…。
キュートな木彫り。岩菅大権現?
疲れて 水なくなった時 元気でるよ
ほら
うまい!!
下山途中に
会ったおっちゃんに
ネマガリタケの
うまさを教わり…。

MOUNTAIN CABIN NO.23

岩菅避難小屋

志《し》賀《が》高原に来るのは二度目。高校2年生のときに修学旅行で熊の湯にスキーに来て以来だ。覚えているのは寒かったことと、夜のクラス対抗寸劇の司会でウケたことと、好きだった男の子のことだけ。山のことは何も覚えてないや。

大正８（１９１９）年、長野県は県下の山岳地帯10カ所に石室の建設を決め、それぞれ４５０円の補助金が出された。そのうちのひとつが岩菅《いわすげ》山で、地元の平穏《ひらお》村山岳会、御嶽《おんたけ》講、青年団の奉仕によって、山頂に初代の石室が建設された。細かい記録は残っていないが、何度か改修を繰り返し、最近では、２００８年に屋根部分を大々的に改修した。

登山口は「聖平」と地図にある。「聖平」の道標から歩き始めたが、何か違う。慌てて引き返して、今度は「聖平の上」の道標からやり直し。

アライタ沢横の水路沿いの水平道を歩いた。沢を渡り、尾根道に入る。シラビソやモミ、ブナが入り交じった原生林の森は静かで、足元はササに覆われる。背後に寺小屋《てらこや》峰が見えていた。

進んでいくと、静けさを破り、大声で悩み事を話す声が。登山道横に置か

DATA

所在地●長野・群馬・新潟の県境近く、志賀高原北部にある岩菅山頂上西側直下（2295m）。西側の「岩菅山聖平登山口」からノッキリ経由で3時間30分

収容人数●10人

管理●通年無人、無料

水場●なし。登山道途中のアライタ沢で汲める

トイレ●別棟にあり

取材日●2017年7月3日

問合せ先●長野県山ノ内町役場観光商工課☎0269-33-1107

れたラジオから聞こえていて、近くのササヤブから、ガサガサという音や鈴の音が聞こえていた。ネマガリタケを採っているのだろう。

ひと登りすると、傾斜が緩み、左側に岩菅山が見えてきた。寺小屋峰との分岐のノッキリには、ベンチがあって、ここで一休みした。それにしても、まだ梅雨が明けていないのに、空は真っ青で夏そのもの。暑いな〜。

ノッキリの先から見る山頂は、先ほどと角度が変わり、ゴロゴロと岩っぽい。山頂には、岩菅大権現の祠や、秩父宮同妃両殿下が登山した際の記念碑があり、眼下に志賀高原の山々を見ることができた。草津《くさつ》白根《しらね》山の山頂に雲がかかっている。そうそう、噴火警戒レベルが1に引き下げられたのだ。近いうち行きたいな。

下山途中でネマガリタケを採りに来た男性に会った。どうやって食べるの?と聞くと、登山道横のタケノコを取り、手早く皮をむいてくれた。こんなに手軽に食べられるなんて知らなかった。

タケノコを食べながら下山すると、大きな鈴の音が聞こえてきた。登山口にいたおじさんも、タケノコ採りに来たのだそうだ。でも、このあたりは地権者しか採っちゃいけないんだって。

あぁ、地元の人なら聞けばヨカッタ。登山口の「聖平」と「聖平の上」ってどう違うの?

MEMORIES

ネマガリタケを取りに来ていた人がいっぱいいたなぁ。あんなに手軽に食べられて、おいしいとは知らなかった。この後、草津白根山の噴火警戒レベルは、また上がってしまったと聞く。さっさと行けばよかった。

MOUNTAIN CABIN

NO.24 御座山避難小屋

中部
南佐久

2017.5.1

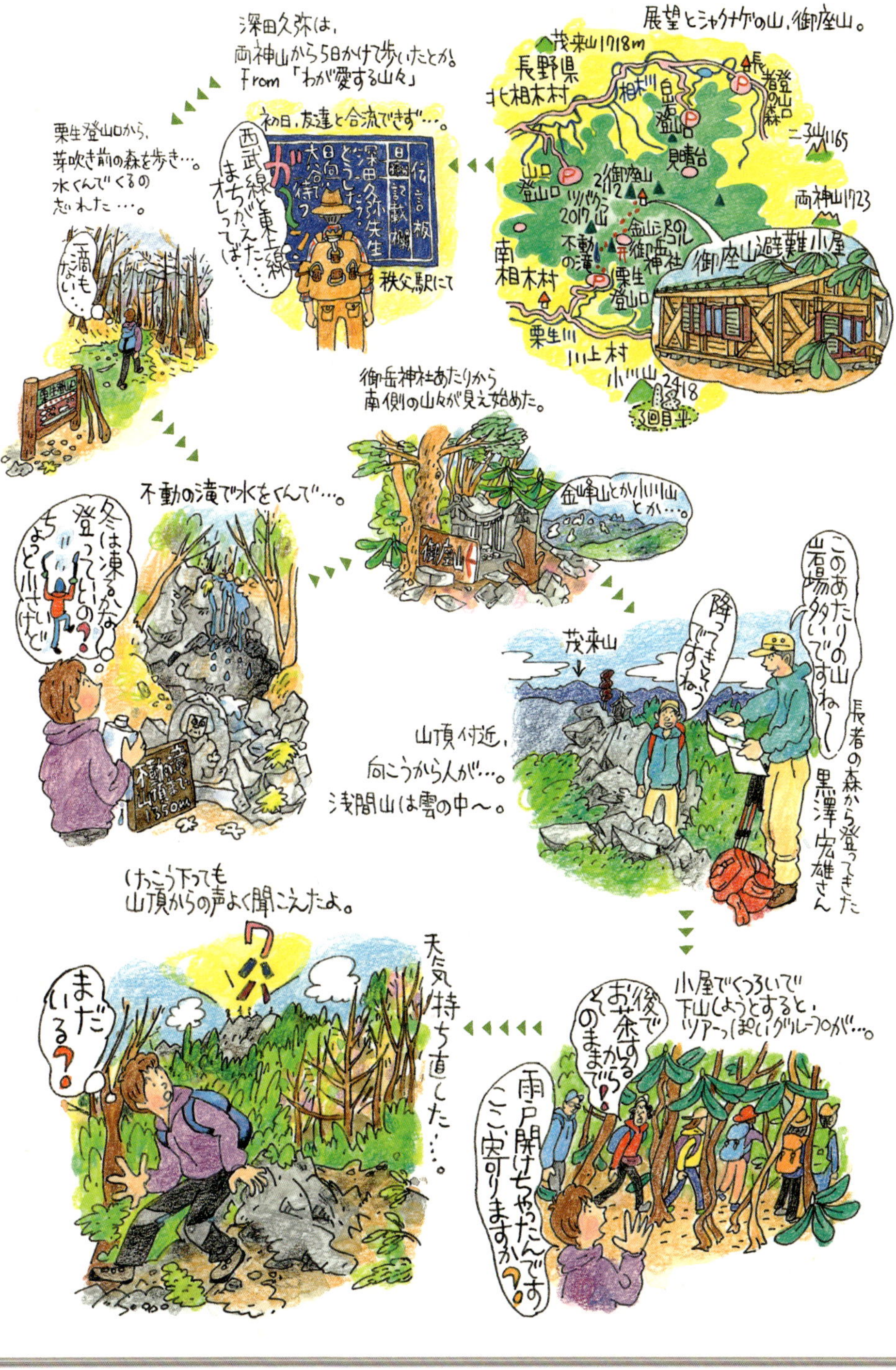
深田久弥は、
両神山から5日かけて歩いたとか。
From「わが愛する山々」
初日、友達と合流できず…。
伝言板
深田久弥先生
西武線と東上線まちがえたオレってば…
秩父駅にて
栗生登山口から、
芽吹き前の森を歩き…。
水くんでくるの
忘れた…。
一滴もない…
展望とシャクナゲの山、御座山。
茂来山1718m
長野県
北相木村
相木川
白岩登山口
長者の森登山口
見晴台
二子山1165
山口登山口
御座山2112
ツバクラ山2017
両神山1723
金山沢のコル
不動の滝
御岳神社
南相木村
栗生登山口
栗生川
川上村
小川山2418
廻目平
御座山避難小屋
御岳神社あたりから
南側の山々が見え始めた。
金峰山とか小川山とか…。
御座山
不動の滝で水をくんで…。
冬は凍るかなぁ。
登っていいとの?
ちょっと小さいけど
不動の滝 山頂まで 1350m
このあたりの山岩場多いですねぇ
降ってきそうですねっ
茂来山
山頂付近、
向こうから人が…。
浅間山は雲の中〜。
長者の森から登ってきた
黒澤宏雄さん
けっこう下っても
山頂からの声よく聞こえたよ。
ワハハ
まだいる?
天気持ち直した…。
小屋でくつろいで
下山しようとすると、
ツアーっぽいグループが…。
後でお茶するからそのままで!
雨戸開けちゃったんです
ここ寄りますか?

MOUNTAIN CABIN NO.24

御座山避難小屋

奥秩父の小川《おがわ》山・廻目平《まわりめだいら》でクライミングを楽しみ、帰りに御座《おぐら》山に寄ることにした。

南佐久の山々のなかで唯一２０００ｍを超える山なのに、知名度はあまりなく、私も知らなかった。ただ、この山に行くことを話すと、国際山岳ガイドの篠原達郎さんが、「深田久弥の『わが愛する山々』に載っている山だね」と、高校生のころに買ったという変色した文庫本を貸してくれた。それによると、昭和34（１９５９）年、久弥は、仲間二人と両神《りょうかみ》山、二子《ふたご》山、その他峠越えをして５日かけて御座山まで歩いた。楽しい旅だったようだ。

避難小屋は山頂すぐの鞍部に立っている。初代の小屋は、１９６４年に個人の寄付により建てられたので、久弥のころにはなかったことになる。小屋を建てた詳細は残っていないが、第一次登山ブームによる登山人口の増加によるものだろうとのことだ。

老朽化が進み、２０００年の大雪で屋根が崩れたので、北相木村と南相木村が費用を出し合い、02年８月に現在の２代目の小屋を建て、管理は両村で行なっている。

DATA

所在地●長野県東南、群馬県と埼玉県に近い北相木村、南相木村にまたがる独立峰、御座山（2112m）の山頂南西直下（2105m）。南相木村栗生登山口から御岳神社経由で2時間30分。小屋から山頂までは10分

収容人数●15人

管理●通年無人、無料

水場●なし。栗生登山口から登る場合、不動の滝で汲める

トイレ●なし

取材日●2017年5月1日

問合せ先●長野県北相木村役場経済建設課☎0267-77-2111

午後には天気が崩れる予報だったので早めに出発した。もう春なのに、山々の芽吹きはまだ。葉を落としたカラマツの枝の向こうに稜線が見える。不動の滝で水を汲み、その先は、広葉樹の森になる。ジグザグの登山道を登って、高度が上がると、木々の間から奥秩父方面の金峰《きんぷ》山、瑞牆《みずがき》山、小川山などが見えてきた。大きな岩の横を通り、鎖場を通過して稜線へ。御岳神社の小さな祠がある小ピークに出た。そこから岩っぽい尾根を下っていくと、御座山の山頂が見えてくる。大きな岩山だ。下りきった金山沢のコルから少し登り、小屋のある鞍部に着いた。

小屋から開けた岩稜を山頂に向かうと、前方から男性が。今朝早く、長者の森から登ってきたそうだ。群馬県に住んでいて、このあたりの山によく来ると話し、「このへんの山は、上に来ると岩が多いですね」と教わった。

山頂からは、八《やつ》ヶ岳、浅間《あさま》山、北アルプスまで見えるそうだが、厚くなる雲に隠されていく。雨が降る前に降りよう〜。小屋で一休みし、下山しようとすると、7人のグループが登ってきた。

天気は持ち直したが、雨を気にして駆け足になってしまった。久弥の5日の山旅がうらやましい。彼らはヒッチハイクはもちろん、麓の農家に泊めてもらったりしている。いい時代だったのだ。でもなぁ〜、私そこまでできないかも。あ、逆に頼まれたらどうやろ？

MEMORIES

下山後、長野県庁の野口さんに、小屋のことを聞こうと電話。「小屋ノートに田中陽希さん書いてたでしょ？」と聞き、Amazonで『日本2百名山ひと筆書き』を購入。〇〇君へという名前入りサイン本が届いた。ひゅるる〜。

MOUNTAIN
CABIN

NO.25 鉾ヶ岳山頂小屋

中部
頸城

2017.11.7

土砂崩れあったから気をつけて!
マップどうぞし
登山口で、島道鉱泉の渋谷さんにあれこれ教わって…。
でででんと聳える鉾ヶ岳。
里山と言うにはあまりに…。
かっこいい…
カニで有名な能生魚港の南に…。
新潟県糸魚川市
上越市
島道川
島道鉱泉
溝尾
能生川
柵口
黒尾峰 938
前川
大沢岳 1244
滝
金冠 1140
鉾ヶ岳 1316
権現岳 1104
ノッケ峰 1280
鉾ヶ岳山頂小屋
きれい〜。意外と近いぞ〜
登り始めると…。
急登そして…。
滝を横切り…。
徒渉の後…。
また急登で…。
これやろか?
なかなか着かん!
よくあることよ!
おおっ
新緑きれい!
登っていくと懐かしの米山が…。
山頂直下に溶けかけ雪が。おや?
鉾ヶ岳山頂は楽しげな鍋と餃子の最中〜。
権現岳ルートアスレチックでしたよ〜
浩一さん
浩二さん
和美さん

MOUNTAIN CABIN
NO.25

鉾ヶ岳山頂小屋

久しぶりに糸魚川の明星《みょうじょう》山の岩場でクライミングを楽しんだ翌日、前から気になっていた鉾《ほこ》ヶ岳に立ち寄った。

鉾ヶ岳は、頸城《くびき》山地の最高峰・火打《ひうち》山から北に延びる尾根上にあり、小屋はその頂上広場に立っている。古くから地元で愛されるこの山には、４カ所から登ることができるが、いずれも急峻でハード。登山の安全のために小屋が欲しいという声に、能生《のう》町山岳会（現在休会中）が中心となった地元の登山愛好者が集まり、１９７８年８月に小屋を建てた。小屋が建てられるスペースは、登山道やピークなど見回してもここにしかなかった。小屋と周辺登山道の管理は、能生町公民館が行なっていたが、２００５年、糸魚川市との合併により、管理は糸魚川市に移行した。

登山口で島道《しまみち》鉱泉の渋谷さんに、９月の大雨後の土砂崩れで、道が荒れているかもと言われた。糸魚川市で出しているマップをもらい、出発した。

黄色く染まっている木々の葉の色は歩くにつれて濃くなり、赤や紫に染まる山肌が見えてきた。山頂そばにスラブ状岩壁が見え、滝が流れている。

等高線をたどるような水平道を枝尾根の奥まで進み、いったん下って沢を

DATA

所在地●新潟県糸魚川市能生と旧市街の境、頸城山地西の端にある鉾ヶ岳（1316m）の頂上広場。北側の島道鉱泉登山口から大沢岳経由で3時間30分。登山口はほかに柵口、溝尾、音坂の3カ所がある
収容人数●5人
管理●通年無人、無料
水場●なし。途中の沢で汲むことができる
トイレ●なし
取材日●2017年11月7日
問合せ先●糸魚川市能生事務所振興係☎025-566-3111

徒渉して急傾斜を登る。登山道はその繰り返しでなかなか進まない。でも土砂崩れの影響は落ち着いたようだ。三重の滝を過ぎ、振り返ると、以前登った米山と日本海が見えた。懐かしいなぁ。

大沢《おおさわ》岳を過ぎると傾斜が緩み、鉾ヶ岳山頂付近に雪がほんの少しあった。少し前に、寒気が入っていた。このあたりは雪が降ったようだ。

山頂では、3人グループが楽しそうにごはんを食べていた。東側の柵口《ませぐち》から権現《ごんげん》岳経由で登ってきたそうで、「アスレチックでしたよ～」と話した。メンバーのひとり、浩一さんは、このあたりの山によく来るそうなので、周辺の山々を教わった。前日登った明星山の岩場も見えるけど、ずいぶん小さいなぁ。

下山は大沢岳から金冠経由で下ろうかな。ミニジャンダルムっぽいこのピークは、秋には金の冠のように見えることからこの名がついたとか。しかし、下り始めてすぐに、大切にしていた熊鈴を落としたことに気づき、どこかに落ちているかもと、登ってきた道を探しながら下山した。

とうとう鈴は見つからないまま、島道鉱泉に到着。おかみさんが、「よかったらお風呂入って、お茶でも飲んでいってね」と声をかけてくれた。くよくよ鈴のことを考えていたけれど、お湯につかり、癒された。やっぱりここに来てよかった。

隠れ家みたいな
いいお風呂でした

MEMORIES

前日登った明星山西壁の竜ルート、楽しかった。鉾ヶ岳山頂から見ると、すごく低くてびっくり。権現岳あたり、スラブのルートもあるから行ってみたいなぁ。この二日後に友達が行ったとか。隠れた人気の山なのだ。

MOUNTAIN CABIN

NO.26 一不動避難小屋

2017.1.2

年末年始に登りたい!
このへんに立ててますか?
一本取ってくれる?!
岩峰登高会の小林真さん
翻訳家の海津正彦さん
戸隠・牧場はずれの森から…。
戸隠連峰の最高峰、高妻山に…。
新潟県妙高市
長野県小谷村
長野市
乙妻山2318
高妻山2353
佐渡山1828
黒姫山2053
五地蔵山1998
九頭龍山1883
戸隠山1904
本院岳2030
西岳2053
飯縄山1917
弥勒尾根
水沢川
裾花川
P1尾根
戸隠牧場
戸隠神社奥社
戸隠神社中社
鏡池
一不動
二釈迦
三文殊
四普賢
五地蔵
六弥勒
七薬師
八観音
九勢至
十阿弥陀
十一阿閦
十二大日
十三虚空蔵
一不動避難小屋
弥勒尾根を登っていき…。
富士山ちらちらく…
八ケ岳の手前って?
八ケ岳っぽくない気が…
いえいえ見慣れないだけ…。
で、雪庇ギリギリでもOKなん?
ラッセルを交代しながら…。
代わろっか?
らく～!
七薬師
初詣
元旦の朝、六弥勒のテントを出発して…。
戸隠山
一不動こ
反対方向だけどいいよ
六弥勒
下山路
下山する前に避難小屋まで…。
高妻山の山頂へ。乙妻山は…?
北アルプス隠れていく…!
どーしましょ?
うーん
高妻山2353
テントに戻ると雲が切れ、高妻山が…。
スック
と…。By久弥
あけましておめでとうございます

MOUNTAIN CABIN NO.26

一不動避難小屋

年末年始、翻訳家の海津正彦さんから「仲間と高妻《たかつま》山行くけど行かない？」と誘われた。海津さんの所属山岳会、岩峯《がんぽう》登高会の小林真さんと3人で向かった。

戸隠《とがくし》連峰には、平安時代から修験者が集い、戸隠山から高妻山を経て乙妻《おとつま》山までの縦走路には、一不動《ふどう》から十三虚空蔵《こくぞう》までの古い石仏が残る。避難小屋は一不動の石仏のすぐそばに立っている。

現在の小屋は、1957年9月に長野県が建設し（小屋には森林法改正時の1962年の表示がある）、地元のガイド組合や遭難対策協会などの協力を得て、長野市が管理している。

それ以前にも、ここには古くから小屋があったようだ。明治17（1884）年に植物採取に来た東京大学の研究者が、この場所にボロボロの木造の小屋があったと書いているのが、最も古い記述だが、誰が何のために造ったのか記録はない。江戸時代には、「戸隠講《とがくしこう》」と呼ばれる登拝登山をする人々が多く、その案内人が仕事用に建てたという説もある。

戸隠牧場隅の森の中で一泊。2016年の大晦日の朝、弥勒《みろく》尾根を登った。

DATA

所在地●戸隠連峰・戸隠山から高妻山（2353m）への縦走路途中。九頭龍山北の一不動の立つ鞍部（1747m）。戸隠牧場から弥勒尾根を登り五地蔵山経由で1泊2日。無雪期なら戸隠牧場から2時間
収容人数●10人
管理●通年無人、無料
水場●なし
トイレ●別棟に携帯トイレブース
取材日●2016年12月30日～2017年1月2日
問合せ先●長野市役所商工観光部観光振興課北部産業振興事務所☎026-254-2326

所々で海津さんが目印の赤旗を立てる。後ろに黒姫《くろひめ》山がなだらかにそびえ、進んでいくと、その向こうの山々が見え始めた。「あ！　富士山」と小林さんが叫ぶ。すぐ右側の八ヶ岳は見慣れない形だ。広い戸隠牧場の雪原はジオラマのようで、飯縄《いいづな》山のスキー場から、音楽が小さく聞こえていた。

六弥勒で稜線に出て、テントを張った。長野市街の夜景がよく見えた。

新年が明け、明るくなってから出発。アップダウンのある稜線を歩く。雪が深くなり、ラッセルを交代しながら進んでいった。八観音《かんのん》を過ぎ、高妻山の尾根に取り付くと、傾斜がきつくなり、ほぼ直登して進んでいく。

尾根を抜け稜線を北に向かうと、高妻山の山頂に到着。西側に広がる北アルプスの山々を、白い雲が隠していく。山頂の北側すぐに乙妻山があり、後ろに妙高《みょうこう》の山々が見えている。見渡すかぎりの白い山々を私たちが3人占めだ。この日、余裕があったら乙妻山にも行こうと考えていたが、すでに時刻は11時少し前。今回はやめることにした。

テントに戻ると、昨日からはっきりと見えなかった高妻山が、初めて姿を現わした。深田久弥が「スックと」と書いたそのままの姿だ。その左に北アルプスの山々が広がる。

「こんなん見ると、山ってやめられないね〜」なんてことを言いながら、新年会に突入したのでした。

MEMORIES

深田百名山に高妻山があるが、戸隠は入っていない。なぜ？　でも高妻山に登ってみると、「やっぱり高妻山かな」というのが3人ともの感想だった。赤旗は、海津さんが浅川の河原で笹竹をとってきて作ってくれた。

MOUNTAIN
CABIN

NO.27 愛鷹山荘

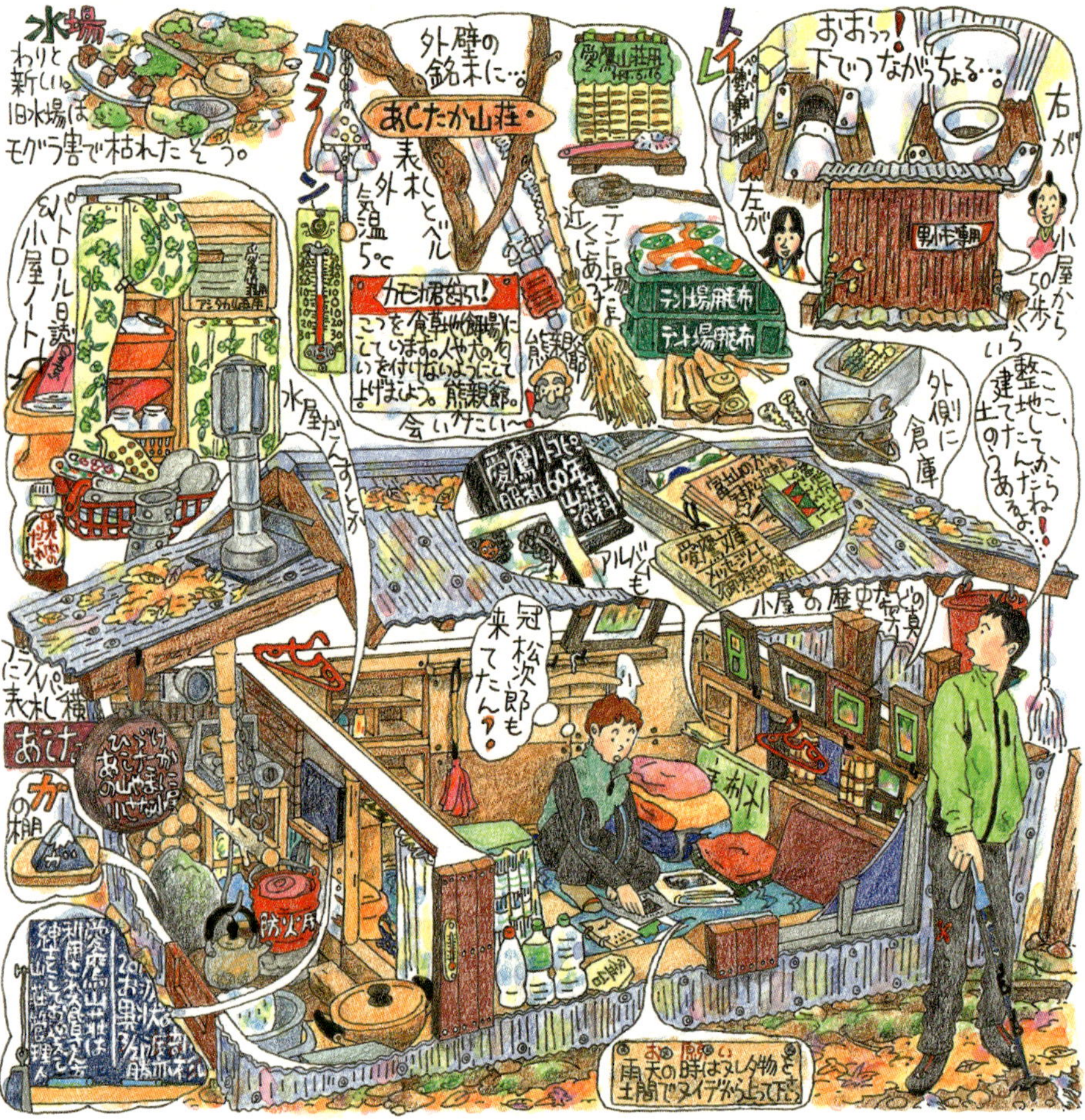

2017.1.9

須山の山神社登山口から…。
待ってよ!
国際山岳ガイドの篠原達郎さんが…、
俺も行こ〜かな
行ったことないし…
一緒に行ってくれるって。
一人で行こうと思っていたら…。
ふ〜んだ
40分ほどで…。
あった
富士山の南にどどんと愛鷹山塊。
富士山3776
富士サファリパーク
富士山こどもの国
富士市
富士見峠
黒岳1087
山神社
須山
用沢川
富士見台
越前岳1504
呼子岳
割石峠
鋸岳
蓬莱山
位牌岳1458
袴腰山1248
愛鷹山1188
大沢
須津川
桃沢川
静岡県裾野市
沼津市
愛鷹山荘
越前岳の山頂、もっと絶景でした。
篠原さん、食べるのも早いんやね…。
1504 越前岳
駿河湾一望だねぇ
いただきま…
雪がどんどん増えてきて…。
自衛隊の
サファリパークの
新雪ハイキングだね
富士見峠から…。
標高、微妙に今のと違う…。
越前岳 2.5km ← 現在地 → 0.5km 黒岳
1507m 1086m
富士見峠
黒岳往復して下山します
おっちゃんがヒルメシタイム。
進んでいくと…。
おっ!見て
烏帽子岩だね
雲見の。
最近登攀禁止になった…
いいルートだったんだけどね〜
イヤ〜
伊豆半島が縦に!!
どのあたり?
鋸岳おもしろいらしいよ
ちょっとしたバリエーション!
暖かくなったら行きましょうよ
途中、蓬莱山〜位牌岳の鋸岳を見て…。

MOUNTAIN CABIN NO.27

愛鷹山荘

国

際山岳ガイドである篠原達郎さんの城《じょう》ヶ崎《さき》での講習会のお手伝いを予定していたら、悪天で中止に。城ヶ崎の帰りに寄るつもりだった愛鷹《あしたか》山に登ってこようかな。篠原さんにそう話すと、「俺も行こうかな。登ったことないんだ」と一緒に行くことになった。

富士山南にある愛鷹山は、最高峰の越前《えちぜん》岳を含む山々の総称。昔は、猟師や炭焼き以外での入山は少なかった。昭和3（1928）年秋、高校生二人が入山し、天気の急変で遭難。一人が死亡してしまった。これを機に、地元の須山地区の学生や青年団が中心となって登山道を整備、開拓した。また1933年に須山の渡邉徳逸さんが、学生や若者が集う山小屋を建てた。これが初代の愛鷹山荘。今より広い三棟の造りだった。渡邉さんの岳友である冠松次郎《かんむりまつじろう》さんも愛鷹山を訪れ、『富士山の旅』に著わしている。

戦中、戦後は登山者が減り、小屋は荒れたが、85年、山岳会「五十雀《ごじゅうから》山歩《さんぽ》会《かい》」の加藤満さんが山荘を修理し、2009年まで管理をした。現在は、加藤さんと共に登山道や小屋を整備していた須山地区青少年育成連絡会が、小屋と周辺登山道の整備、管理を続けている。小屋は自己責任のもと誰でも使

DATA

所在地●富士山南の愛鷹山塊の北東。静岡県裾野市須山地区から大沢沿いの林道を進み、山神社登山口駐車場から40分（標高945m）。小屋から富士見峠経由、越前岳（1504m）までは2時間
収容人数●7人
管理●通年無人、無料
水場●あり
トイレ●別棟にあり
取材日●2017年1月9日
問合せ先●須山地区青少年育成連絡会会長・渡邉宏行☎055-998-0061

用可能だ。

須山の山神社登山口から登り始めた。悪天予報のわりに天気はもちそう。寒いなぁ。山頂はここから750m上だ。雪あるだろうね。歩き始めて40分で山荘に到着。冬枯れの森がきれいだ。

山荘を出発してすぐに富士見峠に到着。登山者が一人、食事をしていた。富士見峠からは尾根伝いを歩く。雪がどんどん多くなっていった。こずえの向こうに尾根が見えてくる。右端に呼子《よびこ》岳、そばに下山を予定している割《わり》石《いし》峠があり、左側に蓬莱《ほうらい》岳から位牌《いはい》岳までの鋸《のこぎり》岳が広がる。以前篠原さんは、鋸岳を歩いた人に「おもしろかったよ」と聞いたことがあるそうだ。雪がなくなるころに行ってみたいな。それにしても下山道、遠いなぁ。そう言うと「だからちょっと急いでるんだよ」と言われた。なぁ〜んだ、どうりで歩くのが速いと思った。

さらに進むと、遠くに伊豆半島が見たこともない形で現われた。どうやら西伊豆のあたりが見えているようだ。岬の先端にちょこんと小さな塊。「あれ、雲見の烏帽子《えぼし》岩だねぇ」。この日行く予定だった城ヶ崎は雲の中。やはり天気はよくないのだろうな。

広々とした越前岳の山頂でごはんにした。眼下に沼津や静岡の街、その先に駿河湾が広がる。そうそう、この山は富士山の展望の山でもあるのだ。

富士見台からの富士山
ほぼ見えず…。
50銭の富士山はここから。

MEMORIES

富士山のすぐそばにあって、よく見る山だけど、登ったのは初めて。伊豆方面に行くつもりだったので、思い立った。伊豆半島や駿河湾を見下ろし、初めて見る展望がおもしろかった。鋸岳は長くて楽しそうだ。

MOUNTAIN CABIN

NO.28 山伏小屋

中部
安倍奥

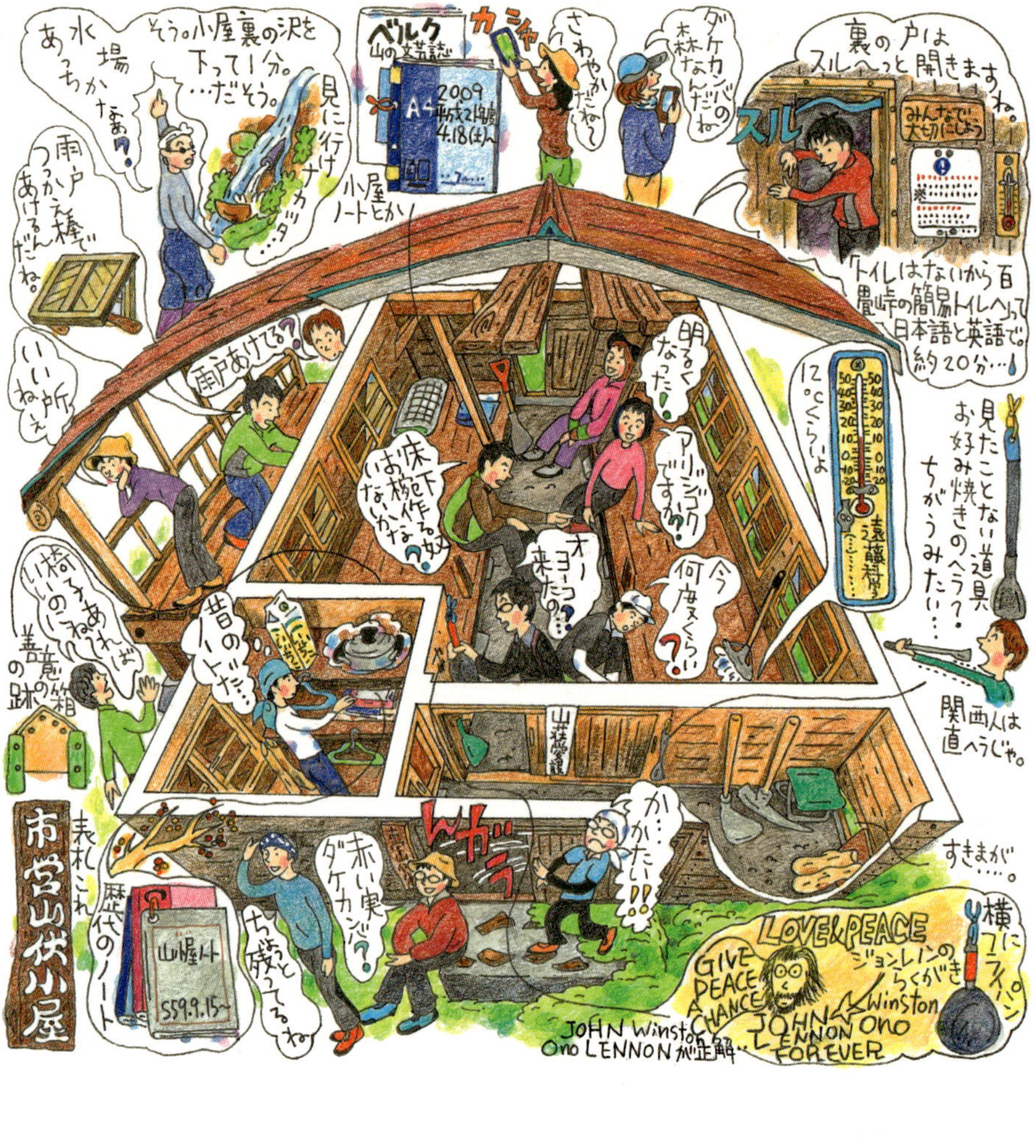

2015.11.15

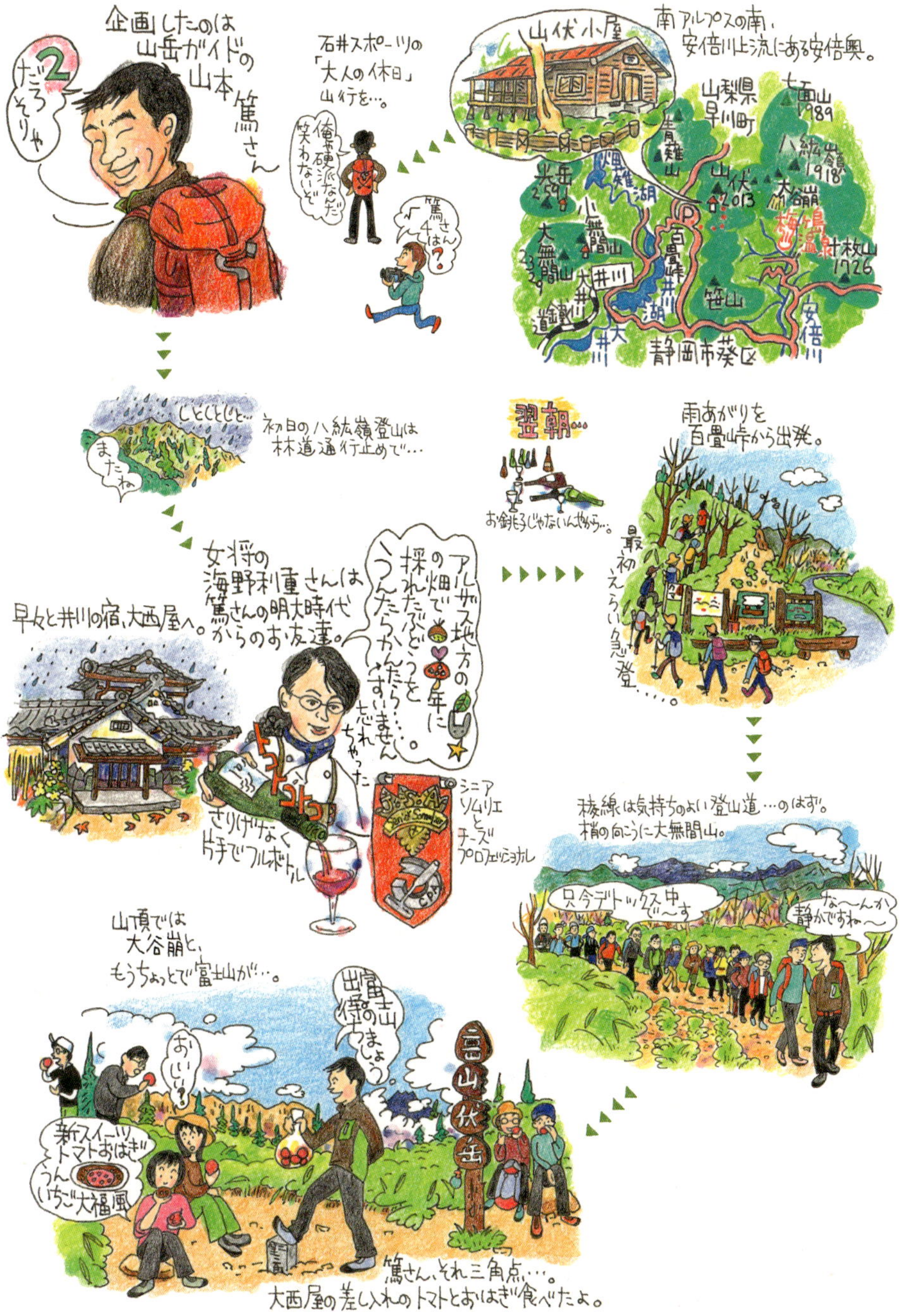

企画したのは山岳ガイドの山本篤さん
だろ そりゃ
2
石井スポーツの「大人の休日」山行を…。
俺は硬派なんだ 笑わないぞ
「篤さん4はん？」
山伏小屋
南アルプスの南、安倍川上流にある安倍奥。
山梨県 早川町
七面山 1989
青薙山
八紘嶺 1918
光岳 2591
畑薙湖
山伏 2013
大谷崩
梅ヶ島温泉
十枚山 1726
小無間山
大無間山 2329
百畳峠
井川
井川湖
大井川鐵道
笹山
大井川
安倍川
静岡市葵区
しとしとしと…
またね
初日の八紘嶺登山は林道通行止めで…
翌朝…
お銚子じゃないんだから…。
早々と井川の宿、大西屋へ。
女将の海野利重さんは篤さんの明大時代からのお友達。
アルザス地方の
の畑で
年に
採れたぶどうを
うんたらかんたら……。
すいません 忘れちゃった
とくとくとく
さりげなく片手でフルボトル
シニア ソムリエ と チーズ プロフェッショナル
雨あがりを百畳峠から出発。
最初えらい急登……。
稜線は気持ちのよい登山道…のはず。
梢の向こうに大無間山。
只今デトックス中で～す
な～んか静かですね～
山頂では大谷崩と、もうちょっとで富士山が…。
富士山出待ちのしましょう
おいしい？
新スイーツトマトおはぎ うん いちご大福風
山伏岳
篤さん、それ三角点…。
大西屋の差し入れのトマトとおはぎ食べたよ。

MOUNTAIN CABIN

NO.28

山伏小屋

石井スポーツ登山学校で、山岳ガイドの山本篤さんが「大人の休日」山行を企画。癒し系のネーミングやんか。「手伝いに来るか？」とのお誘いがあり、一緒に行くことに。

安《あ》倍《べ》奥《おく》は南アルプスのもっと南、静岡県の安倍川上流に馬蹄形に広がる山域。山伏《やんぶし》はその最高峰だ。ヤシャブシの木が多いのでこの山名になったとも言われる。山伏小屋の情報は少ないが、地元の静岡市山岳連盟の方々に、お話を聞いた。

安倍奥の山々は、今でこそ麓まで林道が通り、短時間で山頂まで行くことができるが、それでも交通の便は悪い。ましてや昔は林道がなかったので、日帰りで行くことが難しいエリアだった。それに加えて昭和30（１９５５）年代後半の登山ブームにより、安倍奥を含めた南アルプスでは山岳遭難が多発した。１９６９年に麓の村が静岡市に合併されると、山岳遭難事故の防止に静岡市が乗りだし、71年6月に山伏小屋を建設。同じ時期に、畑薙《はたなぎ》湖畔の沼平《ぬまだいら》登山指導センターも建設した。

登山学校メンバーは、私たちを含め17人。初日は梅《うめ》ヶ島《しま》温泉から八紘嶺《はっこうれい》を

DATA

所在地●静岡県と山梨県の県境にある山伏（2013m）山頂から約500m南側の鞍部（1860m）。登山口の百畳峠の駐車場から20〜30分
収容人数●20人
管理●通年無人、無料
水場●小屋裏の沢を1分下る。百畳峠にも水場がある
トイレ●なし
山行日●2015年11月15日
問合せ先●静岡市役所スポーツ振興課☎054-254-2111

登る予定。しかし、大雨のためか林道通行止めにより断念。井川の民宿・大西屋に向かった。篤さんとこの宿との付き合いは大学時代から。明治大学山岳部で南アルプス全山縦走をした後、同期の故大西宏さんが「同級生の実家の宿がある」と提案し、入浴させてもらったのが初めて。その同級生が女将の海野さんだ。ソムリエの海野さんの選んだワインを飲み、ジビエ料理を楽しむのも今回山行のメインのひとつだったのだ～。

宴は続き、途中の記憶が抜けていることはさておいて、朝メシの間に天気が回復してきた。この日の山伏登山は、雨あがりを待っての出発なので、最短の百畳《ひゃくじょう》峠からの出発とした。

百畳峠から急な傾斜を少し登ると、二重山稜の百畳平に到着。ダケカンバの木々の間から、大無間《だいむげん》山、小無間山や南アルプスの南部、布引《ぬのびき》山、青薙《あおなぎ》山が見えてきた。ややきつい傾斜で酒が抜けたのか、小屋への分岐を過ぎるとみんな元気になってきた。

山頂は笹原が広がり、木々の間に日本三大崩れの「大谷崩《おおやくずれ》」の威容が見える。その右側で雲が動いて、富士山が見え隠れ。「雲どけ～」としばし待ったが、結局見られなかった。残念！

あんまり歩かなかったなぁ。しこたま飲んで食べた山行……。でも山頂でみんなでのんびり過ごせて楽しかった。はて、どれくらい飲んだんやろ？

MEMORIES

八紘嶺を登る予定の初日はおろか、2日目の山伏登山も、もう少し長く歩く予定だったが、雨は思った以上に強かった。山伏に登ろうと百畳峠に向かう林道で、篤さんの車がパンク。みんなでタイヤを取り替えたなぁ。

MOUNTAIN CABIN

NO.29 出合小屋

2015.1.10

南八ヶ岳東面の地獄谷は今なお静けさを保つ。
硫黄岳
横岳
赤岳
阿弥陀岳
旭岳
権現岳
編笠岳
三ツ頭
天狗尾根
旭東稜
権現東稜
地獄谷
P
八ヶ岳を代表するバリエーションエリアだ。
林道の奥、落葉松林の向こうに権現岳と旭岳が。雪多いなぁ…。
雪多いと難しくなるよな。登れっかな?
くるっ
登れっだろ
ついつい口調がうつる。
山岳会の先輩、清水修と来た。一緒に山来るの久しぶり。
んなこんなで小屋に着いて……
出合小屋
出合小屋 外にテントが2張り。
翌朝権現東稜へ。ゴルジュを抜けて
稜線を目指す
①
ルンゼを スピ〜ディに。
雪崩こわいからね…。
②
③
あ
ちっとも進まん!
まだまだ
ん?
ど〜しよう…?
稜線に出たらますます雪が深くて
翌朝早起きしてリベンジすることに。
トレースつけたス
でも翌朝シンシンと雪が降ってて…。
トレース楽。
さあ?
天狗尾根に向かったら上は吹雪よ!
ひ〜〜

MOUNTAIN CABIN NO.29

出合小屋

山岳会の先輩である清水修さんが「権現《ごんげん》東稜登りに行こうか」と誘ってくれた。

通称「八《や》ツの東面」と呼ばれる地獄《じごく》谷周辺は、静かでバリエーションルートが多い。ここに来たクライマーが必ず目にする出合《であい》小屋。私もかつて一度お世話になった。その時も権現岳東稜に向かい、途中でビバークをしたが、夜中にあまりの降雪で逃げ込んだ。ほろ酔いでの下山、怖かったな〜。

この小屋は地元の高根山岳会が建設し、管理をしている。創立会員である大塚壽さんにお話を伺うことができた。

昭和30（１９５５）年代後半に戦後初の登山ブームがあり、それにより地獄谷では遭難事故が多発した。当時は遭難救助に行く際、美《うつく》し森《もり》から馬車道を徒歩で向かわなければならなかった。救助作業用の雨露をしのげる小屋が欲しいと考えるうち、林務署から古い造林小屋の使用許可を得て、骨組みだけの丸太の小屋跡を修理して１９６３年６月に小屋を完成させた。それから約10年後、地元の林業業者から現在の場所にあるプレハブ飯場小屋を寄付され、解体、荷上げ、修復をして74年10月に現在の小屋が完成した。

DATA

所在地●南八ヶ岳赤岳南赤岳沢、地獄谷本谷、権現沢の出合（1840m）。美し森駐車場から林道を進み、地獄谷入口から沢筋を歩き3時間

収容人数●15人

管理●通年無人、無料。小屋整備は地元の高根山岳会が行なっている

水場●小屋前の沢水

トイレ●小屋外にあり

山行日●2015年1月10〜12日

問合せ先●高根山岳会☎0551-47-3383（原 一正）

話を聞くだけでも大変さがわかるが、「正月に小屋で酒を酌み交わすのが楽しみでしたよ」と話してくれた。

私たちは小屋に着いた翌朝、権現東稜に向かった。この日、となりの旭東《あさひ》稜には3パーティが向かっていたが、その取付を過ぎるとトレースは消え、ラッセルとなった。ゴルジュの先でルンゼに入った途端、なかなか進まない。やっとの思いで稜線に抜けると、もっとすごい雪だ。「明日早起きして、リベンジしよう！」といったん小屋に戻ることにした。今日、トレースをつけたから、明日はここまでは楽勝だろう。

なんて言いながら日付が変わる頃に目を覚ますと、外はしんしんと雪が降り積もっていた。トレースはどこや？

どうしようねぇ。でもまた寝るのもしゃくではないか。かといって権現東稜へ再度ラッセルして向かうのは無理そうなので、天狗《てんぐ》尾根に向かった。

取付から樹林帯を進むと、風と雪はどんどん強くなった。なんだかどこを歩いているのかわからないまま進んでいったが、明るくなってもそんな感じなのであきらめて下山を決めた。

さらば地獄谷、また来るよ。さて、あとは登山口まで下るだけだ。

……当たり前だけどあんなに降った雪は小屋から下もかなり積もっていた。

あぁ、まだまだ続くラッセル天国……。

小屋からの下山もたっぷりラッセル
が〜ん。
ぴかぴかの新雪〜

MEMORIES

これで権現東稜は2回目の敗退だった。この後リベンジしようとしたが、まだ行けていない。小屋で会った横浜蝸牛《かたつむり》の山下さんは、以前山岳会の取材をさせてもらった時以来で、お久しぶりでした。鶴田さんとは初対面だった。

MOUNTAIN CABIN

NO.30 赤兎避難小屋

中部
越前

2015.7.10

白山連峰の南西約14kmにある赤兎山。
残雪期、兎の雪形が出るという説は未確認だとか…。
登山口から2時間くらいでニッコウキスゲの群落が見れるんですよ〜
つけてみそかけてみそ
名古屋ガール ちかちゃん
北岳からの帰りのバスの中で
石川県白山市
手取湖
奥長倉山
薬師山
七倉山
大汝山 2684
剣ケ峰 2677
御前峰 2702
白水湖
三ノ峰
協力金 100
福井県勝山市
大長山
刈安山
小原峠
赤兎山 1629
赤兎平
経ヶ岳
赤兎避難小屋
登山口のお地蔵さん
赤兎平って楽園みたいやった〜。
ホーホケキョ
ゲコゲコ
避難小屋渡り歩いてるんですか？
こんなかんじ？
さくらけえったぞ!!お兄ちゃん!!
小原峠 赤兎山 大長山
小原峠で休んでたら下山してきたmont-bell金沢店の畝岡さん、指平さん、丘野さん。
違うからね。憧れるけど…。
すごい荷物の人が下ってきた。
赤兎平の湿原まで調査に行ってきましたよ
福井市自然史博物館「虫」の梅村信哉さん
稜線は花がいっぱいで…。
いたし!!
アブにさされた。
その先にモリアオガエルのマタニティスポットが!!

MOUNTAIN CABIN NO.30

赤兎避難小屋

ガイド山行の手伝いで北岳《きただけ》に行った帰り、バスで隣り合った名古屋ガール、ちかちゃんにこの山の話を聞いた。赤兎《あかうさぎ》山ってかわいい名前やんか！　登山口から2時間ほどで美しい高層湿原があり、山頂から間近に白山《はくさん》連峰を眺められるので人気がある山だそうだ。

1968年に福井国体の開催が決まり、赤兎山周辺の白山国立公園が山岳競技のコースとなった。それにともない、周辺の登山促進と登山者の安全のために福井県が67年に建設した。老朽化により89年に建て替えられ、今の小屋は2代目。小屋の清掃や管理は、大野市が委託され行なっている。

小原林道の終点に大きな駐車場があり、そこから登り始めた。ブナやカエデの森の中をヒグラシの声が響き渡る。

何人かの登山者とすれ違いながら進むと、小原峠に到着した。ゲコゲコと蛙の声が聞こえる。ここで休んでいると3人のグループが下山してきた。楽しげな彼らは、モンベルショップ金沢店の同僚。職場仲間で登山っていいねぇ。いろいろ聞こうと思っていたけど3人パワーに圧倒され、いつの間にか私がここに来た経緯を話していた。

DATA

所在地●福井県大野市と石川県白山市にまたがる赤兎山（1629m）山頂から東へ0.7kmにある赤兎平（1580m）。小原林道終点駐車場から2時間

収容人数●15人

管理●通年無人、無料。小原集落近くのゲートで地域環境保護協力金を支払う。大人300円、小学生以下100円

水場●なし

トイレ●小屋内にあり

山行日●2015年7月10日

問合せ先●福井県自然環境課☎0776-20-0305、大野市役所商工観光振興課☎0779-64-4816

彼らと別れると、その先に小さな水たまりがあり、モリアオガエルの一大産卵スポットとなっていた。ものすごい数の泡巣が木からぶらさがっている。さっきから聞こえていたのはこれだったのだ。

稜線にはお花畑が広がり、山頂直下で大きな網を持った男性が下ってきた。梅村信哉さんといい、麓の「福井市自然史博物館」の学芸員だった。翌年3月から予定している「絶滅危惧種の昆虫」の展示のため、小屋周辺の赤兎平に調査に来たのだそうだ。

山頂に着くと、白山連峰は夏の雲の中だった。小屋は遠くに見える。なぜもっと山頂近くに建てなかったのだろう?

小屋のある赤兎平には、池を取り囲む湿原が広がり、モウセンゴケやイワイチョウなどの小さな植物があった。小屋の周りのニッコウキスゲは、先週が見頃といった様子で、それに代わってピンクのササユリがきれいだ。大きなアゲハチョウが花から花へと渡っていく。なるほど、のんびりと過ごしたくなる美しい場所だ。ここに小屋を建てた理由がわかった。

帰りは同じ道を下山。林道を下り、ゲートが閉まるギリギリ(夏季は18時)で間に合った。ゲートのおっちゃんとは登る前に話し、覚えていてくれ、「写真撮らせて」とお願いしたつもり。でもなぜかおっちゃんは素早くカメラをセットし、記念撮影してくれた。

MEMORIES

福井県の永平寺そばから登山口に向かうと、広く波打つ稲の向こうに白山連峰が見えて、そりゃあきれい。ここに住みたいと思った。下山後立ち寄った温泉でもらった、地元のおばちゃんがチラシで作った箱、まだ使ってます。

MOUNTAIN CABIN

NO.31 野坂山山小屋

中部
敦賀

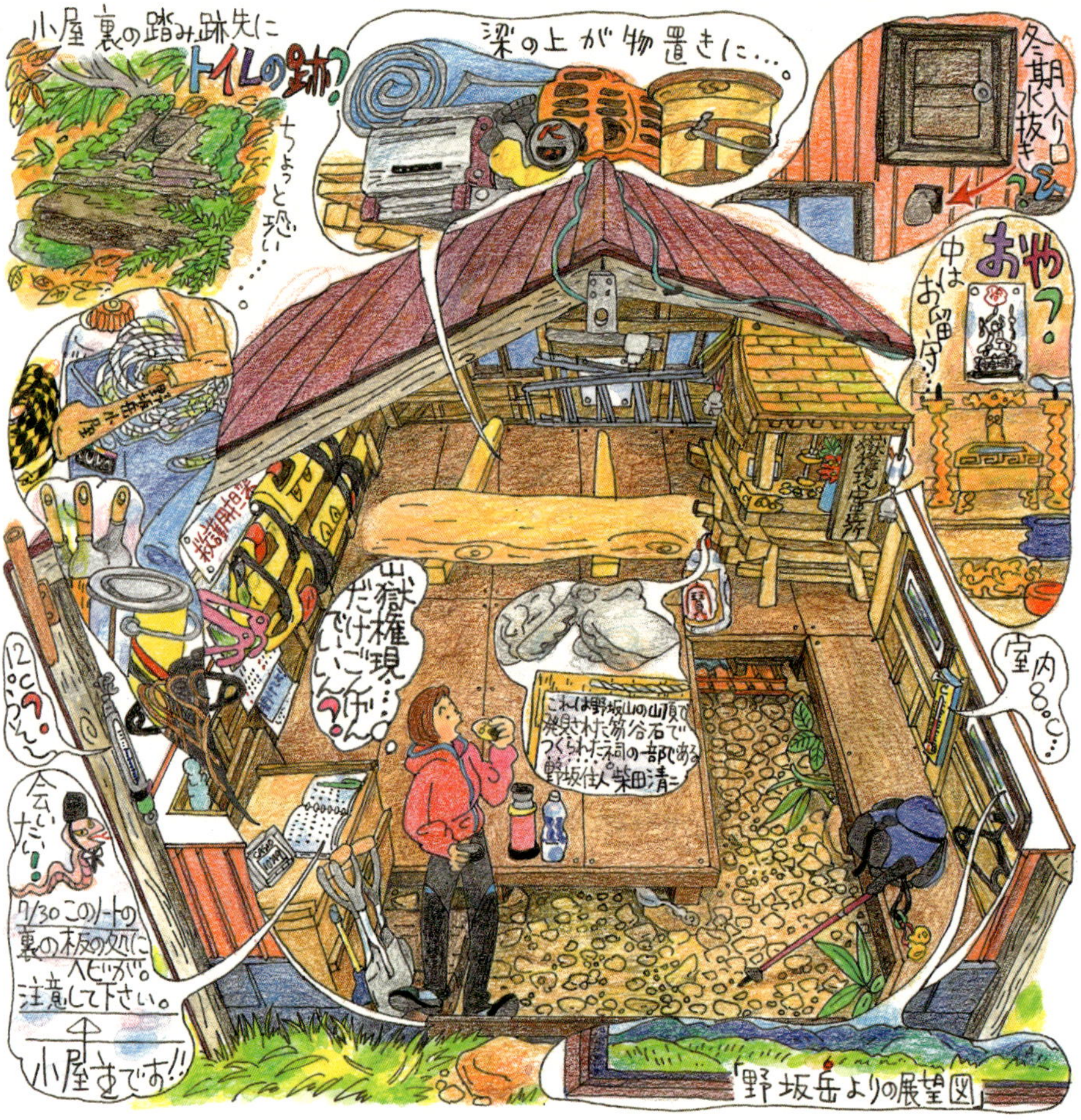

2017.11.8

トチノキ地蔵にトチはないけど…。
敦賀の名水あるよ。
見るたびに富士かとぞ思ふ野坂山いつも絶やさぬ峰の白雪
平重盛
と詠まれ、敦賀富士と呼ばれる野坂岳。
UNIQLO
窪田正孝(演)の人! fm. 大河ドラマ「平清盛」
敦賀湾のつけ根…。
敦賀湾
福井県敦賀市
粟野駅
舞鶴若狭自動車道
野坂いこいの森
トチノキ地蔵
行者岩
一の岳
二の岳
三の岳
野坂岳 914
井の口川
助高川
美浜町
野坂山山小屋
野坂いこいの森から…。
雨やんだ
行者岩に寄り…。
雨!
ぼへ
はるばる来たなあ…
野坂岳
山頂からは
西方岳とか
敦賀湾とかうっすらと…。
登山道に戻ると
下山してきた人が…。
雨の野坂岳もなかなかいいですよ
近くに住んでる"穂高さん"。
一の岳を過ぎると…。
稜線は風が〜…。
ゴゴゴゴ
急にすごいよ!

MOUNTAIN CABIN NO.31

野坂山山小屋

糸魚川の明星《みょうじょう》山と鉾《ほこ》ヶ岳に登った後、関西方面へ移動することに。北陸自動車道を南下する最中、敦賀《つるが》三山のひとつ、野坂《のさか》岳に寄ることにした。前から登りたかったけれど、なかなか来れなかったのだ。

市街地から近いこの山は、地元では「野坂山」と呼ばれ、親しまれている。山頂からは敦賀湾や、それを取り囲む市街地を見ることができ、直下に小屋が立っている。ここにはもともと小屋はなかったが、誰もが登山を楽しめるようにと、１９８９年に敦賀市が建設した。小屋内部に野坂嶽権現の祠があるが、中には何も祀られていない。

野坂嶽権現像は、麓の高庄山宗福寺に安置されている。20年ほど前まで、毎年7月23日の山開きの日に、寺の住職、檀家役員が像を持って小屋内の祠に祀り、一晩過ごして、日の出を拝んでから像をかつぎ下ろす仏事を行なっていたが、現在は廃止された。かわりに、麓に御旅所《おたびしょ》跡の石碑を立て、そこで経をあげ、お参りする法事が続けられている。ここは、終戦直後まで権現堂があり、お祭りをしていた場所だそうだ。

DATA

所在地●福井県敦賀市西方、市街地そばにある野坂岳（914m）の山頂直下（904m）。地元では親しみを込め「野坂山」と呼ぶ。野坂岳は西方ヶ岳、岩篭山とともに敦賀三山のひとつ。北方の野坂いこいの森登山口からトチノキ地蔵、一の岳経由で2時間20分

収容人数●10人

管理●通年無人、無料

水場●なし。トチノキ地蔵そばに敦賀の名水があり、汲むことができる

トイレ●なし

取材日●2017年11月8日

問合せ先●敦賀市役所スポーツ振興課☎0770-22-8155

野坂いこいの森の駐車場から歩き始めた。朝方まで降っていた雨はやみ、鳥の声が響く。自然観察公園の森を過ぎると、杉林になり、沢沿いの登山道を進み、また落葉樹の森に入った。木々の葉は緑色と黄色が入り混じり、登山道を落ち葉が覆う。トチノキ地蔵横で沢を渡ると、傾斜が出てきて、森は少しずつ赤く染まっていった。再び雨が降り始めたが、気にするほどではない。行者岩への分岐があり、寄ってみると、麓の市街地と敦賀湾が雨に霞んでいる。救急車のサイレンの音が、ここが市街地からすぐなのだと思い出させた。

登山道に戻ると、下山してきた人がいた。近くに住む男性で、よくこの山に来るそうだ。「雨の日もいいですよ」という言葉がうれしかった。

一の岳を過ぎ、ひと登りすると稜線に出た。強い風が、ブナの巨木を揺らし、大きな音を立てている。二の岳、三の岳と進むと、木々の向こうに、山頂と、少し手前に小屋が見えてきた。

山頂広場には、一等三角点と山座同定板がある。ここからは南側の高島《たかしま》トレイルや北西の白山《はくさん》がよく見えるそうだ。強い風が雲を吹き飛ばしていく。一瞬見えた山々は雲に隠れたが、敦賀湾とその周りの市街地が延々続いているのが見える。糸魚川からはるばる来たなぁ。

翌日、友人と登った高島トレイルの駒《こま》ヶ岳からは、この山がよく見えた。

MEMORIES

なかなか行きづらい場所だが、やっと行けた。地元のスーパーに入ったら、惣菜売り場に麩の辛子和えとか、たくあんのうま煮とかあって、ちょっと食文化が違うようだった。麩の辛子和え、なかなかウマかった！

MOUNTAIN
CABIN

NO.32 鍋倉山避難小屋

2017.8.4

大阪〜東京を結ぶ1697kmの
東海自然歩道…。
東京都八王子市
大阪府箕面市
鍋倉山はその途中にある。
岐阜県
揖斐川町
日坂
日坂川
前谷
和佐谷
貝月山
1234m
長者原
日坂峠
鍋倉山
1050
北峰
南峰
日坂越
東海自然歩道
六合
鍋倉山避難小屋
日坂の端から…。
ブナのトンネルの下を歩いていくと…。
きれいな森…あ…雨や〜。
足にゴミ？
雨が強くなってきて…。
カッパ着よ
足になんかくっついてる…？
ひょい
ムチュ〜
ギャ〜
日坂峠まで…。
なんとなく安全圏にっっ
ハァ ハァ
ひ
ワハハ…
その後再びきれいな森が…。
まわりを見る心の余裕も…。
吸いがら入れ？
再び日坂峠へ。
ヒル地帯に入るか否か…。
3分で車道に出れるっっ！
長者原
東海自然歩道
山頂から…。
ついたついた
南峰
北峰
貝月山と長者原
残念ながら
展望はなく…。

MOUNTAIN CABIN NO.32

鍋倉山避難小屋

前年初冬、伊吹《いぶき》山に登りに行った際、このあたりが意外に山深いことを知り、鍋倉《なべくら》山に一度来てみたいと思っていた。

1969年、大阪〜東京を結ぶ東海自然歩道が発表された。鍋倉山は、なかでは珍しい1000mを超す場所で、南峰広場に小屋がある。

この場所に、昔から小屋があったかどうかは記録が残っていないが、71年、地元の要請を受け、岐阜県がここに先代の小屋を建てた。第一次登山ブームと、東海自然歩道発表での登山者の増加が関係しているのだろう。94年、老朽化により現在の小屋に建て替えられた。小屋や周辺の東海自然歩道の管理・整備は、県が地元の揖斐川町（旧春日村）に委託し、年に数回、作業を行なっている。小屋には太陽光発電による電気の設備があるが、取材時は落雷の影響で使うことができなかった。

日坂の集落のはずれ、和佐谷沿いの車道を登っていく。山道に入る手前から歩き始めた。苔むした橋を渡ると広場があり、古いベンチや道標があった。そこから緩い傾斜を登る。

あたりはブナやミズナラの森が広がり、しっとりと美しい。古い石垣も見

DATA

所在地●岐阜県と滋賀県の県境近く。東海自然歩道上。鍋倉山北峰（1050m）から約200m南の南峰（1049m）広場。日坂の東海自然歩道入口から日坂峠、日坂越経由で2時間

収容人数●10人

管理●通年無人、無料

水場●なし

トイレ●小屋内にあり

取材日●2017年8月4日

問合せ先●岐阜県揖斐川町久瀬振興事務所地域振興課☎0585-54-2111

える。気づくと弱い雨が降り始めた。

進んでいくと、雨が強くなったので、雨具を着た。ついでに、さっきから気になっていた左足首を見た。ゴミか小石でもはさまってるんかいな？と、私の足首にはパンパンに太ったヒルが吸い付いているではないか！払い落とそうとしてもなかなか剥がれず、パニック状態に。ようやく剥がして歩き始めても、また別の場所にくっついてくる。半泣きになり、静かな森の中を、猛ダッシュで逃げた。日坂《にっさか》峠で尾根に出て、しっとりが薄らいだ気がして、ようやく立ち止まった。

そこからやっとこさ落ち着いて歩くことができた。森は相変わらずきれいで、緩いアップダウンを繰り返す。

登山道の所々に、土管が埋められていた。かすれているが、「吸いがら入れ」と書かれていた。昭和30（1955）年代、当時の環境庁が登山道にゴミ箱や灰皿を設置していたと聞く。そのときのものだろう。見たのは初めてだ。

下山してくると、雨はやみ、明るくなってきた。展望は得られなかったが、登山道は歩きやすく、小さな道祖神が立ち、古道の趣のある道だった。

日坂峠で立ち止まった。ここからヒル地帯に突入し、来た道を下山するかどうか。長者原に抜ける車道まではここから3分とある。ヒル地帯なんか絶対に嫌じゃ！と車道に退散したけど……。

MEMORIES

このあたり、土地勘が全然なかったけれど、スマホのおかげでたどり着いた。麓に久瀬温泉露天風呂白龍の湯があったが、下山後、急いでいたので入れなかったし、この近くの「岐阜のマチュピチュ」も見なかった。残念！

MOUNTAIN
CABIN

NO.33 白鳥小屋

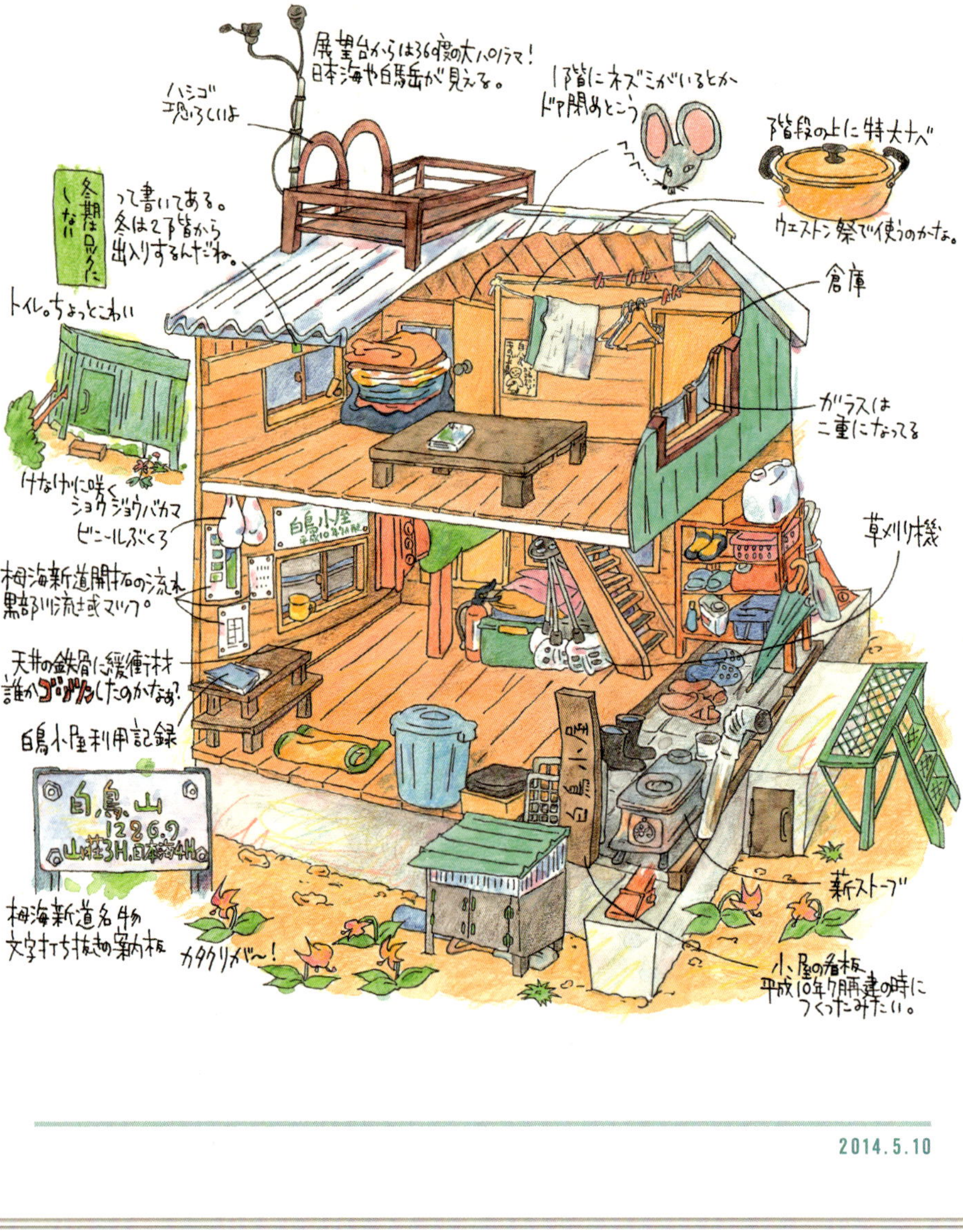

2014.5.10

白鳥小屋
途中で車道を横切る
坂田峠まで裏山のような森を歩く
入道山
天下の険 親不知
ビシッ
33歳のウェストン像
海抜0mから始まる全長27kmの梅海新道の北端
日本海
P
8
ここからスタート
入道山
尻高山
坂田峠
P
金時坂
シキ割
白鳥山 1286.9m
白鳥小屋
尻高山のお釈迦さんの隣でオニギリ
鼻の下長いなし
ばあ〜
麓で買ったオニギリの具はホタルイカ。さすが日本海！
カタクリクラブのT谷さんがヤブ刈りをしていた。
登山道見がてら筍をね……。
篠竹の筍
リーダーの小野健さん
梅海新道は地元のさわがに山岳会が拓いた。
わっせ わっせ
わっせ わっせ
ヤブ刈り10年
頚城三山で会ったサワガニの大群が会名の由来。
しっかり下って……。
シキ割はちょっと地形が複雑
「しき割り」は「ひき割り」のこと。
しき割りなっとう
下ってきたYKK山岳部の人たちがラインを教えてくれた。

MOUNTAIN CABIN

NO.33

白鳥小屋

栂《つが》海《み》新道を拓いた「さわがに山岳会」の小野健さんが２０１４年３月17日に亡くなった。

栂海新道は、北アルプスの朝日《あさひ》岳から日本海の親不知《おやしらず》までを結ぶ縦走路。著書『栂海新道ものがたり』で「やぶ刈り道楽人生」と書く小野さんは、職場仲間７人でさわがに山岳会を結成してヤブを刈り、１９７１年６月に登山道を開通、整備した。メンバーの入れ替わりや新たなグループの誕生があったが、最大の収穫は仲間との親交だった、と書いている。

白鳥《しらとり》山は北アルプス最北の１０００ｍ峰。栂海新道開通後に登山道整備をしていたベニズアイグループが拠点とした場所で、91年、青海町によって小屋が建てられた。98年に一度焼失してしまうが、同年再建された。

この小屋が好きだという声は多い。ぜひカタクリの頃に行くといいよと教えてくれた人がいた。

海岸線に近い国道8号沿いの登山道から、近所の裏山のような森に入る。振り返ると木々の間から日本海が見えるのがいい。

歩いていると、ガサガサと音がした。「熊?」と一瞬緊張するが、ヤブか

DATA

所在地●北アルプス栂海新道北部・白鳥山山頂（1287m）。国道8号線登山口から坂田峠経由6時間30分

収容人数●15人

管理●通年無人、無料。利用記録に記帳のこと

水場●小屋から南に向かい東側の沢水。往復15分。夏場は涸れるので、シキ割の水場から持参したほうがよい

トイレ●小屋裏手にあり。紙は持ち帰る

取材日●2014年5月10日

問合せ先●糸魚川市青海事務所☎025-562-2260、omi@city.itoigawa.lg.jp

ら出てきたのは、カタクリクラブのT谷さんという方だった。登山道整備は現在ベニズアイグループが主に行なっていて、カタクリクラブはそこから生まれた地域山岳同好会だ。6月1日の「海のウェストン祭」前に登山道整備をするので、下見とタケノコ取りをかね、少しヤブ刈りに来たのだそうだ。坂田《さかた》峠で車道と交差。駐車場があるので、ここから日帰り登山をする人は多い。金時坂の急登には階段やロープが整備され、そこを過ぎると雪が出てきた。シキ割手前の峠に、地元のYKK山岳部のメンバーが立っていた。白鳥山から下山し、そこから見える妙高《みょうこう》の山々に名残を惜しんでいたのだ。

気持ちのよい雪原をゆくと、白鳥山の山頂と、そこにぴょこんと立つ小屋が見える。その向こうに白い稜線が続いていた。

山頂はそこだけ雪が拭き払われていて、小屋のまわりをカタクリの花が彩っていた。小屋はのんびりと日本海を眺めているよう。「いい天気だなぁー」小屋になったつもりでつぶやく。屋根の上にある展望台に登ると、大展望が広がった。歩いてきた方向を見れば、山並みの向こうの日本海は青く、空との境が霞んでいる。その手前、石灰岩の岩肌を見せる黒姫《くろひめ》山の向こうには糸魚川の街が見える。

栂海新道の北端にちょこっと触れただけの旅になった。次回は、白馬《しろうま》岳から長い稜線を日本海まで歩いてみたいな。

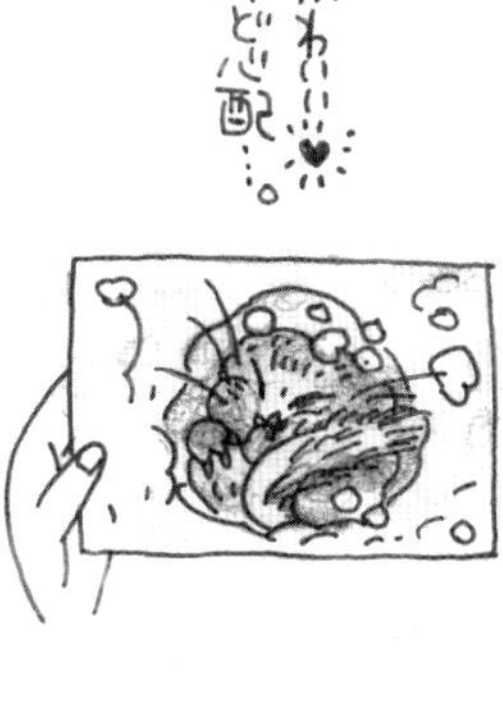

MEMORIES

初めての栂海新道は、北の端っこだけ。ちょっともったいないことをした。でもカタクリが見られるこの頃にどうしても行きたかった。何人かの人に会い、後日あの山で、雪の中でヤマネが寝ていたよと写真を送ってくれた。

日本アルプス
北アルプス

MOUNTAIN CABIN

NO.34 名無避難小屋

2016.8.10

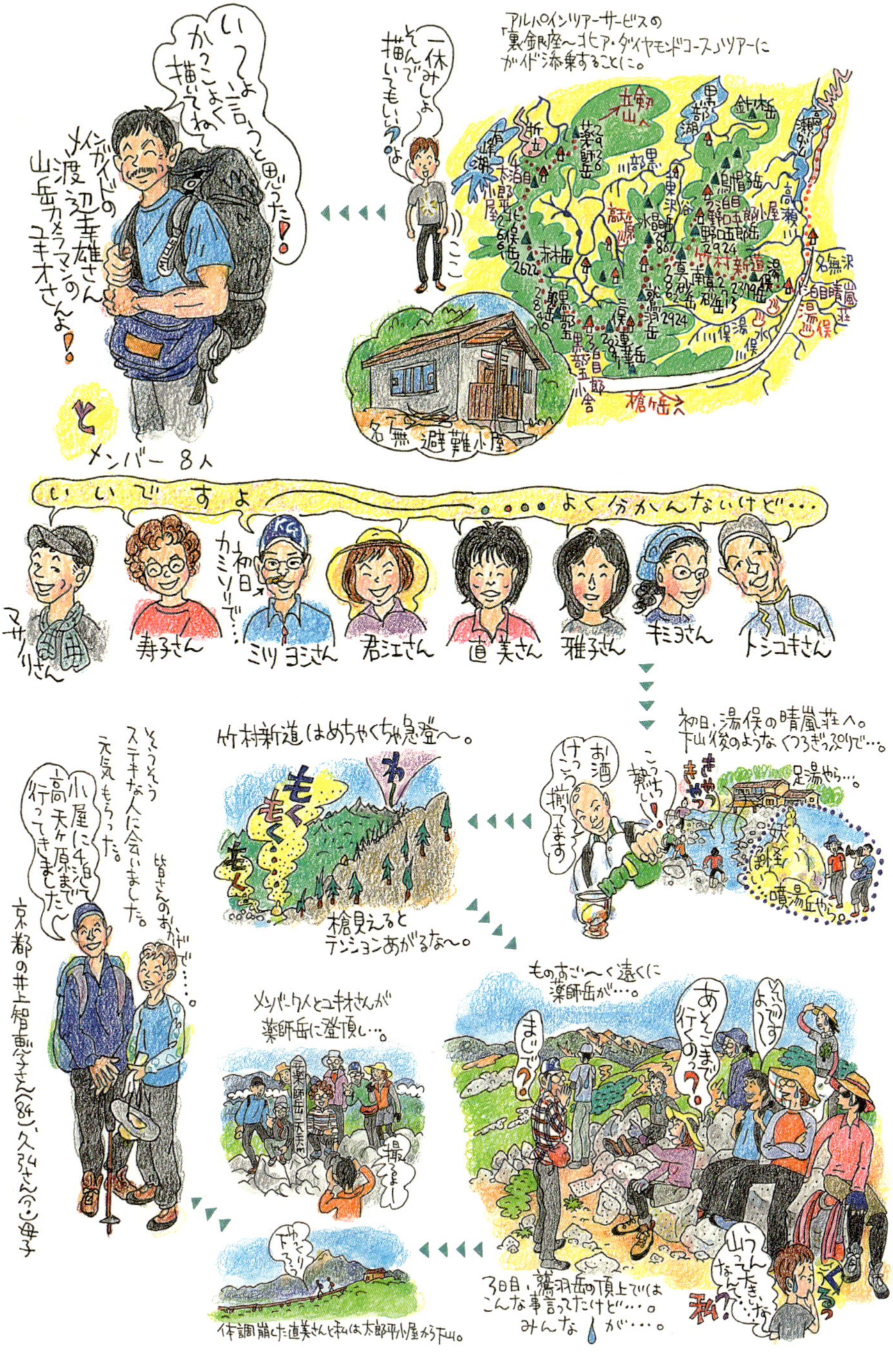
いってよ言うと思った!
かっこよく描いてね
メインガイドの渡辺幸雄さん
山岳カメラマンのユキオさんよ!
と
メンバー 8人
一休みしよ
そんで描いてもいい?よ
ここ
アルパインツアーサービスの「裏銀座〜ヨヒア・ダイヤモンドコース」ツアーにガイド添乗することに。
有峰湖
折立
薬師岳 2926
太郎平小屋
北ノ俣岳 2661
赤木岳 2622
黒部五郎岳 2840
黒部五郎小舎
三俣蓮華岳 2841
黒部湖
針ノ木岳
黒部川
東沢谷
高天原
水晶岳 2986
鷲羽岳 2924
烏帽子岳
野口五郎小屋
野口五郎岳 2924
竹村新道
真砂岳 2862
南真砂岳 2713
湯俣岳 2379
湯俣川
水俣川
高瀬ダム
高瀬川
名無沢
晴嵐荘
湯俣
槍ヶ岳へ
名無避難小屋
いいですよ
よく分かんないけど…
初日カミソリで…
マサノリさん
寿子さん
ミツヨシさん
君江さん
直美さん
雅子さん
キミヨさん
トシユキさん
初日、湯俣の晴嵐荘へ。下山後のようなくつろぎっぷりで…。
お酒けっこう揃ってます
こっち熱い!
きゃっきゃっ
足湯やら…。
妖怪っぽい
噴湯丘やら。
竹村新道はめちゃくちゃ急登〜。
もくもくもく
わ〜
槍見えるとテンションあがるな〜。
そうそうステキな人に会いました。元気もらった。
小屋に4泊して高天ヶ原まで行ってきました〜
皆さんのおかげで…。
京都の井上智恵子さん(84)、久弘さん(?)母子
ものすご〜く遠くに薬師岳が…。
まじで?
あそこまで行くのっ?
そうですよ
うん山って大きいなって…
私?
くるっ
3日目、鷲羽岳の頂上ではこんな事言ってたけど…。みんな が…。
メンバー7人とユキオさんが薬師岳に登頂し…。
薬師岳
撮るよー
ゆっくり下ろう
体調崩した直美さんと私は太郎平小屋から下山。

MOUNTAIN CABIN

NO.34

名無避難小屋

アルパインツアーサービスの、裏銀座《うらぎんざ》から北アルプス・ダイヤモンドコースをつなげるツアーに同行することに。初日に名無《ななし》避難小屋を通過する予定だ。ツアー初日の朝、山岳カメラマンでもあるガイドの渡辺幸雄さんと、８人のメンバーに「寄って行こうよ～」と提案すると、あっさりＯＫしてくれた。

名無避難小屋なんて寂しい名前は、近くにある名無沢から。現在、小屋を管理している東京電力パワーグリット（株）の前身である東信電気は、１９５１年５月に発足し、高瀬ダム周辺の整備・管理を始めた。小屋はそれ以前から存在していて、建設年月日の記録はないが、簡素な木造の小屋が一度建て替えられ、今の小屋は2代目なのだそうだ。かつて、湯俣《ゆまた》近くに、作業員が常駐する高瀬川の取水施設があり、物資を人力で歩荷して運んでいた。小屋は、作業のための休憩や物資の受け渡しに、高瀬川ぞいに5軒あったという。昭和40（１９６５）年代、高瀬川筋の再開発があり、取水施設が無人になると、小屋の必要性はなくなったが、登山者の休憩、避難用にと、この小屋だけが残された。

DATA

所在地●北アルプス中部の登山口、高瀬ダムから南の湯俣温泉方面に約6km。ダム湖畔の林道、高瀬川ぞいの登山道を歩き1時間30分（標高1330m）
収容人数●10人
管理●通年無人、無料
水場●小屋近くの名無沢から
トイレ●なし
山行日●2016年8月10～14日
問合せ先●なし

高瀬ダムから歩き始め、避難小屋に寄り、3時間ほどで湯俣の晴嵐《せいらん》荘に到着。山荘には私たちのほかに登山者が数人。静かにゆったりと過ごした。翌朝、竹村《たけむら》新道を登った。木々の間から見える槍《やり》ヶ岳は、登るにつれて姿を変えていく。湯俣岳、南《みなみ》真砂《まさご》岳を過ぎ、真砂岳に到着。ようやく稜線に出た。野口五郎《のぐちごろう》岳を経て野口五郎小屋に到着すると、小屋は超満員。これ以降、どの小屋もコミコミで、食事は4回戦、5回戦なんて感じ。この時期の北アルプスってすごいね。

3日目は暗いうちに出発。水晶《すいしょう》岳、鷲羽《わしば》岳、三俣蓮華《みつまたれんげ》岳と進み、黒部五郎《くろべごろう》小舎《ごや》まで。行程は長いが、ここまで来るメンバーは皆強かった。北アルプス独特のぱぁ～っと広い稜線は晴れわたり、遠くに今回のツアーの最終目的地、薬師《やくし》岳が見えていた。と……遠いな～。

4日目、黒部五郎岳へ。山頂から大展望を見て北《きた》ノ俣《また》岳へ進むと、稜線は穏やかになった。花を見ながら木道を太郎平《たろうだいら》小屋に向かった。

最終日は、薬師岳に登頂し、折立《おりたて》まで下山の予定。朝、体調を崩した直美さんと私は先に下ることにした。下山途中、直美さんは、「薬師岳には、次回折立から登りに来ればいいよね」と、元気が出てきた様子。ほかのメンバーは笑顔で下山してきた。北アルプスを東から西に横断。長くて楽しかったなぁ。

たくさん歩きました。
(初)北陸新幹線!!
はくたか…爬虫類っぽい。

MEMORIES

幸雄さん以外はほぼ初対面だったけど楽しかった。5日間、いろんな出会いがあった。最終日に会った井上さん母子、お元気やろか？　北ノ俣岳で会った新井雅子さん(75)は、次の山の目標があると健康でいられると言っていた。

MOUNTAIN CABIN

NO.35 池山小屋

2013.12.24

行こーしか
登山ガイド
木元康晴さんと
厳冬の空木岳登山を計画
ふぁ〜よく寝たぁ
ス〜
2013年のクリスマスの朝
私と友人の木元さんは
池山小屋で目をさました。
空木岳2863.7m
宝剣岳
木曽駒岳
空木平
中央アルプス・池山小屋は
こんな所にあります。
池山小屋
池山 1773.8m
野生動物観察棟
林道終点の
夏の登山口
展望台
途中
石仏が
あって
本聖上人とは駒ケ根市の名刹光前寺の
開基
光前寺
ヒカリゴケと霊犬早太郎の墓が
見れるよ。
いろいろあって
歩き始めたのは
前日の朝10時くらい。
林道途中の
古城公園展望台ふきんから
展望台の柵には
愛を誓うカンヌキが
ずらりと。
永遠にともに…
いろいろ
いや〜
ご〜め〜ん
① 私が遅刻した
② 木元さんが
燃えないゴミ
出しに戻った。
テルモス
③ 車に忘れ物
した
……
Nikon
④ カメラがヘソ
まげた
顔ありませんの。
アメリカンな地蔵が
立っていて
シラビソの森の中を
登っていくと
東屋
やっと登山口に着いたの
でした。
うそでしょ。。
除雪の関係で。冬山ってそんなもんよ。
トイレ
野生動物観察棟を素通りして
今日空木岳まで
行くの無理じゃない？
私も
そう思うねん
池山小屋分岐の水場に着いて
その日の空木岳登頂をあきらめた。
という訳で
池山小屋
居心地いい所
でした。
池山小屋
サンタさん
来るかな〜…
来ね〜よ!!

MOUNTAIN CABIN
NO.35

池山小屋

友人の登山ガイド木元康晴さんと厳冬の空木《うつぎ》岳に登る計画を立てた。ただし宿泊地は、空木平避難小屋か池山《いけやま》小屋のどちらかに泊まろうというアバウトなものだった。

この2つの避難小屋は、駒ヶ根市が管理している。空木岳周辺には、ほかに山頂直下に駒峰《こまほう》ヒュッテという小屋があり、ここは地元の駒峰山岳会が管理。夏場は営業小屋として利用できる。

旧池山小屋は、登山道の東斜面、タカウチ場近くから東斜面を下った場所にあったが、２０００年3月に現在の場所に移し、新築された。もともとこの場所には炭焼き小屋があったそうだ。池山小屋は白樺の森の中に位置し、裏にまわると中央アルプスの稜線が見える。

さて空木岳登頂をめざしたものの、出発前のごたごたやらで、早々に池山小屋での宿泊を決めこんだ私たち。山頂に向かうには遅すぎたが、小屋に入るにはちょっと早い。私はひとり外に出て、小屋の外をぐるりと一周した。小屋の中に入ると木元さんがてきぱきと内部にツエルトを張ってくれていた。小屋の中とはいえやはり厳冬期。ツエルトに入ると暖かい。まだ早い時間だ

DATA

所在地●中央アルプス・池山（1774m）南西（1750m）。駒ヶ根高原スキー場先の林道古城線、古城公園先のゲートから4時間（無雪期は林道終点まで車で入れる）
収容人数●20人
管理●通年無人。協力金1000円ほど
水場●あり（凍結期間使用不可）
トイレ●小屋内にあり
取材日●2013年12月24～25日
問合せ先●駒ヶ根市観光案内所☎0265-81-7700

ったがクリスマス会を始めた。

この日がクリスマスイブだと気づいたのは、前日食料を買いに行ったとき。ローストチキンや鶏の唐揚げがやたらたくさん並んでいたのだ。そして晩メシはそのまま鶏モモロースト。今どきの男の料理でも、もっと気が利いているだろう。

山の夜は早い。明日は早起きして空木岳をピストンしよう、なんて話をしながら飲み進み、夜中かと思って時計を見るとまだ夕方の6時だった。木元さんの「6時半になったら寝ようか」という言葉を聞いた気がするけど、あれれ、なんだかマブタが……。私はそのあとすぐに寝てしまったらしい。

翌朝起きると8時。なんと14時間も寝てしまった。

空木岳登頂は次回のお楽しみにして、池山に向かった。山頂はこんもりした丘みたいな場所で、こずえの向こうに宝剣《ほうけん》岳と木曽駒《きそこま》ヶ岳が見えた。そのうち駒峰山岳会の女性が一人、登って来た。トレーニングがてら歩きにきたそうだ。麓から近いので、ちょっとハイキングに来るにはちょうどいいだろう。小屋で見た「利用者日誌」に、「仕事からの気分転換にここに来ました。静かな落ち着いた時間が持てました」という記述があった。池山周辺はそんな癒される場所だ。空木岳には登れなかったけれど、充分寝たし肩こりもとれた。車に着いて木元さんが言った。

MEMORIES

当初は前日夕方に出発しようかと計画したが、朝出発し、そして敗退へのカオスに陥っていったのだ。でも結果的にここに泊まることができてよかった。14時間寝てしまったのは、さすがにびっくりしたけどさ。

MOUNTAIN
CABIN

NO.36 空木平避難小屋

2015.12.23

登山ガイドの
木元康晴さんと…。
今回は登ろう!
慣れてるから平気
荷物重くない?
2年前の冬に行って敗退。
空木岳…
宝剣岳とんがってる。
池山までののんびり山行。
中央アルプス南部の最高峰、
空木岳へは…。
正沢川
木曽駒ヶ岳 2956
宝剣岳 2931
三沢岳
千畳敷
滑川
大田切川
檜尾岳
伊奈川
池山
池山小屋
熊沢岳
駒石
大地獄
小地獄
空木岳 2864
駒峰ヒュッテ
南駒ヶ岳 2841
中田切川
越百山
南越百山
奥念丈岳 2303
念丈岳
片桐松川
安平路山 2363
摺古木山
松川
空木平避難小屋
リベンジじゃ!
雪少ないねぇ
池山小屋への分岐に来ると
登山者が1人下山してきた。
見たことない
ラーメン
紅油擔擔風味?
よめない…
辛そ〜
この先
雪けっこう
ありますよ
あ、これ?
先月台湾のセッザン
行ったんで…。
辛いっすよ
上に行くか
迷ってるんだよ
雪どうだろう?
大乾麺
翌日は大地獄、小地獄の
難所を過ぎると…。
だんだん雪が深くなる。
稜線の分岐から500mの空木平へ。
1時間かかったがな…。
3日目
ラッセルを交代しながら進む。
あ〜 南アルプス見える…。
小屋も。
ウタコさんが
もぐらない所で
もぐるよ
ヨカッタ…逆じゃなくて…。
目の前の空木岳は大きくて、そして…
遠い……

MOUNTAIN CABIN NO.36

空木平避難小屋

中央アルプスの空木《うつぎ》岳へは、2013年の冬に登山ガイドの木元康晴さんと向かい、池山《いけやま》までで敗退。14年の冬は天気が悪くて行けず、3度目の計画だ。今回は絶対登ろうと、2泊3日の予定にした。

大正5（1916）年に地元の駒峰《こまほう》山岳会の前身である赤穂山岳会が、現在の空木平避難小屋の東側に半地下の石室を建てた。一時、周辺は信州大学の演習林となったが、1984年に駒ヶ根市に移管され、その前後に営林署（現・森林管理署）が現在の小屋を建設。その際、山岳技術が必要だったため資材の運搬、建設作業は駒峰山岳会メンバーが手作業で行なった。近年、老朽化が進んでいたため97～03年に改築された。

この小屋の所有者は時代によって変わっていったが、58年から駒峰山岳会が管理を委託されている。同会は69年、空木岳山頂直下に駒峰ヒュッテを建設した。62年冬に京都工芸繊維大学の山岳部の遭難があり、山頂から空木平避難小屋に向かう最中の事故だったので、稜線に小屋があったほうがよいと考えたからだ。

DATA

所在地●中央アルプス南部、空木岳（2864m）山頂の東北東、空木平（2520m）。駒ヶ根高原スキー場先のゲートから池山小屋経由で2日。無雪期は林道終点まで車で入れる

収容人数●20人

管理●通年無人。協力金として1人1000円。小屋内の協力金箱へ

水場●小屋前の小川（要煮沸、時期によって涸れることもある）

トイレ●別棟にあり

山行日●2015年12月22～24日

問合せ先●駒ヶ根市観光案内所☎0265-81-7700

この年の冬は本当に雪が少なかった。歩き始めて3時間、池山小屋あたりでようやく冬山っぽくなってきた。池山小屋への分岐で小休止。この先へ進もうか迷っていると、上から小林尚貴さんという男性が下山してきた。昨日は吹雪とラッセルと寒さで大変だったが、駒峰ヒュッテの冬季小屋に一泊して登頂し、下山してきたと話した。

上部の様子を聞いたので、この日は池山小屋に泊まり、翌朝早く出発することにした。池山尾根に入ると、徐々に傾斜が出てくる。難所といわれる大地獄は岩のアップダウン、小地獄は急な雪面のトラバースが続く。雪の上に続いていた小林さんのトレースは上部ではなくなり、ラッセルとなった。予想以上に時間がかかり、たどり着いた空木平小屋は、入り口の引き戸が凍りつき、どうやっても開かず、窓を外して中に入った。

3日目、暗いうちに出発し、ラッセルを交代しながら山頂をめざした。ラッセルマシンと化した木元さんの後ろは楽ちんだったけれど、私が前を歩くと、木元さんはずぼずぼハマって苦労していた。目の前の空木岳はどんどん姿を変えるが、なかなかたどり着かない。

山頂に立つと、北側に宝剣岳までの稜線、南側のすぐ近くに南駒《みなみこま》ヶ岳、遠くに恵那《えな》山が黒く見える。広いな〜、中央アルプス。行きたい所はいっぱいある。次はどこへ行こうか。3年かかったけど、来れてよかった！

いい山でした！
やたっ！
空木岳

MEMORIES

前回やむなく池山小屋に泊まったけど、今回も泊まった。冬山は厳しい。2泊3日の計画は正解だった。途中会った小林さん、強いな〜と思っていたら、それ以降もめっちゃ精力的に山に行ってる。どっかで会えるかなぁ。

MOUNTAIN CABIN

NO.37 恵那山々頂小屋

そーなん?
眺望がないって…。
深田百名山…。
トンネルでおなじみ…。
中津川からのこの山かっこいいよ!
中央アルプス主脈から離れ…。
岐阜県中津川市
中津川
前宮登山口
空峠
大判山
1698
1664
神坂山
恵那山
2191
広河原登山口
本谷川
長野県阿智村
黒井沢登山口
恵那山頂小屋
おはようございます
岩手と神戸と姫路と…。
タオル落ちてる
ゲート前駐車場には遠くからの車が…。作業の人、シブすぎ。
30分ほどで登山口に…。
笹原を登っていると…。2人で来たの?
がさ
いえいえ
昨日駐車場で会って一緒に登ったんですよ
岩手の外館さん
淡路の榎本さん
なくしたから拾ったの使ってたんだありがとー!
タッチ
黒井沢から登ったDrさん
リラックマ
姫路の木下さん
タオル落としました?
山頂広場に到着!
水場を見に黒井沢方面に…。
この下に流れてたよ
お水あげましょうか?
利光夫妻&佐藤さんの大分グループが…。
お〜い撮るよ〜
見えないね
もはやそれも売り!
大分産!
山頂広場に戻り、大分グループと…。

MOUNTAIN CABIN

NO.37

恵那山々頂小屋

へー、ここも中央アルプスか、ってほど主脈から離れた恵那《えな》山。いろんな山から見えるし、中央道で恵那山トンネルを通るので、なじみはあるけど登るのは初めて。「山頂からは何も見えないよ」ってよく聞くなぁ。

昭和30（1955）年代、中津川市によって初代の小屋が建てられたが、記録は残っていない。深田久弥の「日本百名山」連載途中から始まった第一次登山ブームにより登山人口が増え、建てたのだろうとのことだ。老朽化により、1987年に現在の2代目の小屋に建て替えられ、管理は中津川市が行なっている。小屋のシンボルである赤い屋根の塗り替えなど、メンテナンスは2年ごとに行ない、2001年に少し離れた場所にトイレが建てられた。

東側の広河原《ひろがわら》登山口方面から入山。登山口手前の林道途中にゲートがあり、ここから歩いた。駐車場に停まっている車のナンバーは岩手、神戸、姫路と遠いところからの車ばかり。歩き始めてすぐに、タオルを拾った。

林道を30分歩いて登山口に着き、木橋を渡る。針葉樹と広葉樹の森が交互に現われ、足元の笹が増えていく。所々に山頂までの距離を表わす道標が立

DATA

所在地●中央アルプス南部、長野県と岐阜県との境にある、恵那山（2191m）の頂上台地内北西。東側の広河原登山口から3時間30分。峰越林道ゲートから登山口までは30分

収容人数●10人

管理●通年無人、無料

水場●黒井沢登山口方面に10分

トイレ●別棟にあり

取材日●2017年8月1日

問合せ先●中津川市観光センター☎0573-62-2277

っている。表示が「山頂まで6／10」のあたりで笹は猛威をふるい始め、背丈を越すほどに。笹に埋もれながら進んで行くと、ガサリという音とともに、2人の男性が下ってきた。百名山完登をめざす彼らは、岩手と淡路島から来たとか。「すごい遠距離山友なんですね」と言うと、南アルプスの別々の山から転進し、前夜、駐車場で会って一緒に登ったのだとか。

山頂広場には、一等三角点と木のやぐらがあり、タオルの持ち主と黒井沢方面から来た男性がいた。黒井沢からは、ちょっと長くてハードらしい。

山頂は広い台地になっていて、恵那神社本社などの祠が点在し、北西端に小屋がある。静かな小屋でひと休みし、水場を見るために黒井沢方面に向かうと、大分からの3人が登ってきた。その後、山頂広場に戻ると大分グループに再会。彼らも百名山完登をめざしていた。一緒に上ったやぐらから見えたのは、空ばかり。下りてごはんを一緒に食べた。

今回会ったほとんどの人が、百名山完登をめざしていて、下山後はそのままほかの山に移動すると話していた。みんな元気に登れたかなぁ。

展望はなかったけど、久弥は「南アルプスの大観はすばらしかった」と書いている。まだ木が小さかったんかな。下山後、中津川市役所の方に「小屋裏の岩場から南アルプスが見られますよ」と教わった。そこも登ってみたけど……。

MEMORIES

行こうと思いながらやっと行けた。大分グループの利光さんから後日写真が届いた。このあと空木岳に行って焼岳で100座を完登し、西穂高まで歩いたとか。百名山完登後は、行きたい山がいっぱいあるって言っていたな。

MOUNTAIN CABIN

NO.38 鋸岳・六合目避難小屋

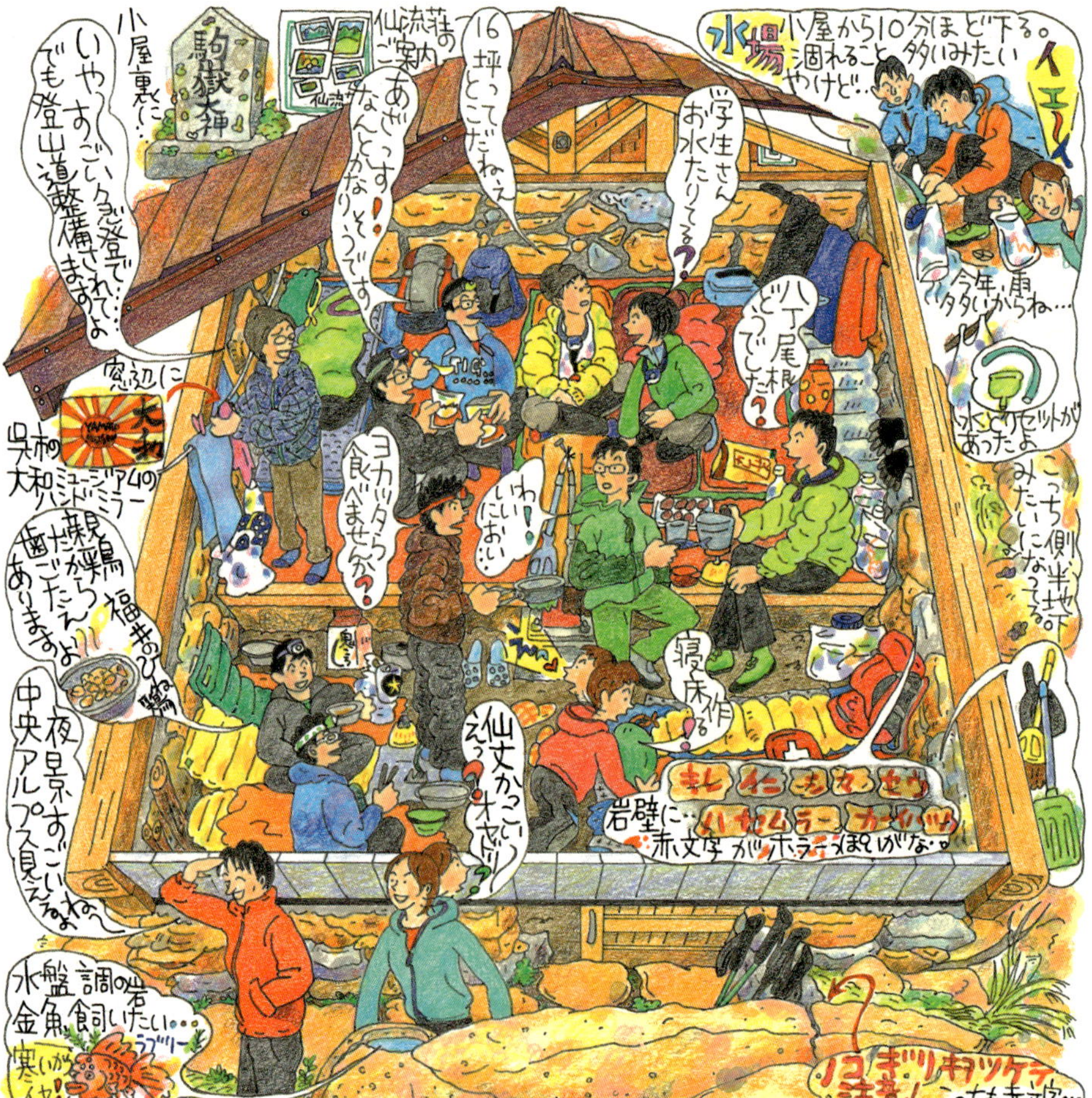

2016.10.9

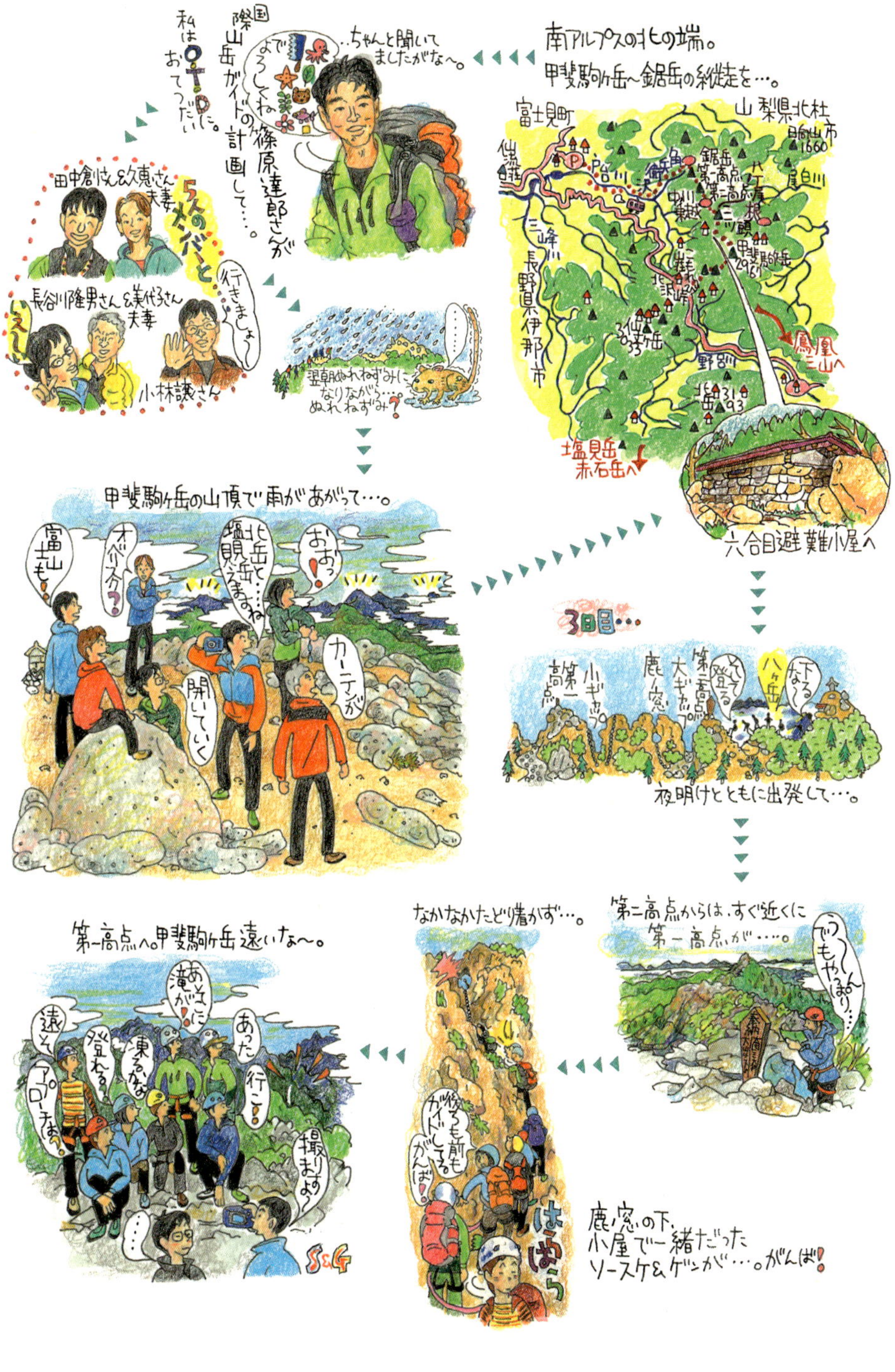
南アルプスの北の端。
甲斐駒ヶ岳〜鋸岳の縦走を…。
…ちゃんと聞いてましたがな〜。
国際山岳ガイドの篠原達郎さんが計画して…。
でよろしくね
私はOTDにおてつだいに。
田中倉佳さん&久恵さん夫妻
長谷川隆男さん&美代子さん夫妻
小林譲さん
5人のメンバーと
行きましょ〜
いえ〜い
翌朝ぬれねずみになりながら…。ぬれねずみ？
……
富士見町
山梨県北杜市
仙流荘
戸台川
角兵衛沢
鋸岳
第一高点
第二高点
八丁尾根
日向山 1660
尾白川
中ノ川乗越
三ツ頭
甲斐駒ヶ岳 2967
三峰川
長野県伊那市
仙水峠
北沢峠
仙丈ヶ岳 3033
野呂川
北岳 3193
鳳凰三山へ
塩見岳 赤石岳へ
六合目避難小屋へ
甲斐駒ヶ岳の山頂で雨があがって…。
富士山も！
オベリスク？
北岳と…塩見岳見えますね
おおっ！
カーテンが
開いていく
3日目…
第一高点
小ギャップ
鹿ノ窓
大ギャップ
第二高点
そして登る
八ヶ岳
下るし〜
夜明けとともに出発して…。
第二高点からは、すぐ近くに第一高点が…。
う〜ん、でもやっぱり…。
なかなかたどり着かず…。
後ろも前もガイドしてる。がんば！
はぁはぁ
鹿窓の下、小屋で一緒だったソースケ&ゲンが…。がんば！
第一高点へ。甲斐駒ヶ岳遠いな〜。
あそこに滝が！
あった
行こ！
遠そ
登れる
凍るかな
アプローチは？
撮りますよ〜
…
S&G

MOUNTAIN CABIN NO.38

鋸岳六合目避難小屋

国

際山岳ガイドの篠原達郎さんが、南アルプス鋸《のこぎり》岳でバリエーションルートを縦走するガイド山行を企画し、お手伝いに誘ってくれた。メンバーは、以前篠原さんのクライミングスクールでご一緒した人ばかりだ。

大正8（1919）年、この場所に有志が初代の小屋を建てた。古くから信仰の対象であった甲斐駒《かいこま》ヶ岳は、山梨県側の黒戸《くろと》尾根が最初に登られ、次いで戸台川上流にある丹渓《たんけい》山荘（現在廃業）近くから山頂に至る赤河原《あかがわら》ルートが開かれた。このルートは現在廃道になってしまったが、石碑や道祖神が残っている。「六合目」というのは、丹渓山荘から山頂に至るまでの六合目だ。ここには近くに水場があり、岩が多いので、岩を利用して小屋を建てるのに絶好だった。近年、小屋が傷み、雨漏りがひどかったが、2006年に伊那市が改築した。

初日は北沢《きたさわ》峠こもれび山荘まで。翌朝起きると雨だったが、昼すぎに雨はやむ予報だったので出発。この日は甲斐駒ヶ岳に登頂した後、避難小屋に宿泊する予定だ。樹林帯の中を黙々と歩き、駒津《こまつ》峰を過ぎたころに雨脚が弱ま

DATA

所在地●南アルプス北部、甲斐駒ヶ岳から鋸岳（第一高点、2685m）に向かい、三ツ頭鞍部付近（2420m）。北沢峠から甲斐駒ヶ岳経由で5時間30分。甲斐駒ヶ岳から鋸岳への縦走路はバリエーションルートにつき、経験者同伴のこと
収容人数●10人
管理●通年無人、無料
水場●三ツ頭方面に向かい、斜面を10分ほど下った沢水。涸れることが多い
トイレ●なし
取材日●2016年10月8～10日
問合せ先●伊那市役所長谷商工観光係☎0265-98-3130

り、甲斐駒ヶ岳の山頂で雨があがった。山頂からは南アルプス南部までを見ることができた。急な傾斜を北西に下り、1時間ほどで小屋に着いた。

小屋には日向《ひなた》山から八丁《はっちょう》尾根を登ってきた高橋さんが先にいた。その後大阪と福井からの3人、ついで高校生の2人が来て、あっという間に満員になった。水汲みを終え、やれやれと座り込み、次回は八丁尾根を歩きたいねと話していると、3人組からひね鶏をごちそうになった。小屋から見える仙丈《せんじょう》ヶ岳はかっこよく、夜は夜景がきれいだった。楽しい夜だったなぁ。

3日目は明るくなり始めたころに出発。中《なか》ノ川乗越《がわのっこし》で一休みしていると、高校生2人が追いついてきた。ここから約200mガレ場を登れば第二高点だ。「これ登るんすか？　やばいすね」

そのやばい急傾斜を登り、第二高点に着くと、すぐ近くに第一高点が見える。ここから長野側に大きく下り、大ギャップ横のルンゼを横切ったところから登り返して鹿《しか》ノ窓《まど》をくぐり、小ギャップの鎖場を通過する。鹿ノ窓の下でロープをつないだ。先を行く高校生は苦労している様子だ。鋸岳はスケールの大きい「SASUKE」みたいなもんだ。簡単に来てはあかんよ。

第一高点からは、歩いてきた登山道が一望できた。長かったなぁ〜。ところでこのメンバー、根っから岩と氷が大好き。登山道で足を止めるたびに岩場やら沢水を探してた。もうすぐアイスクライミングの季節やね。

MEMORIES

以前鋸岳に来たのは2012年の冬の初めで、角兵衛沢を登って甲斐駒ヶ岳に抜ける逆コースを歩いた。季節もあるけど下るほうが楽だ。八丁尾根の登山道も、ずいぶん整備されているようだった。小屋の中でわいわい楽しかったな。

MOUNTAIN
CABIN

NO.39 小無間小屋

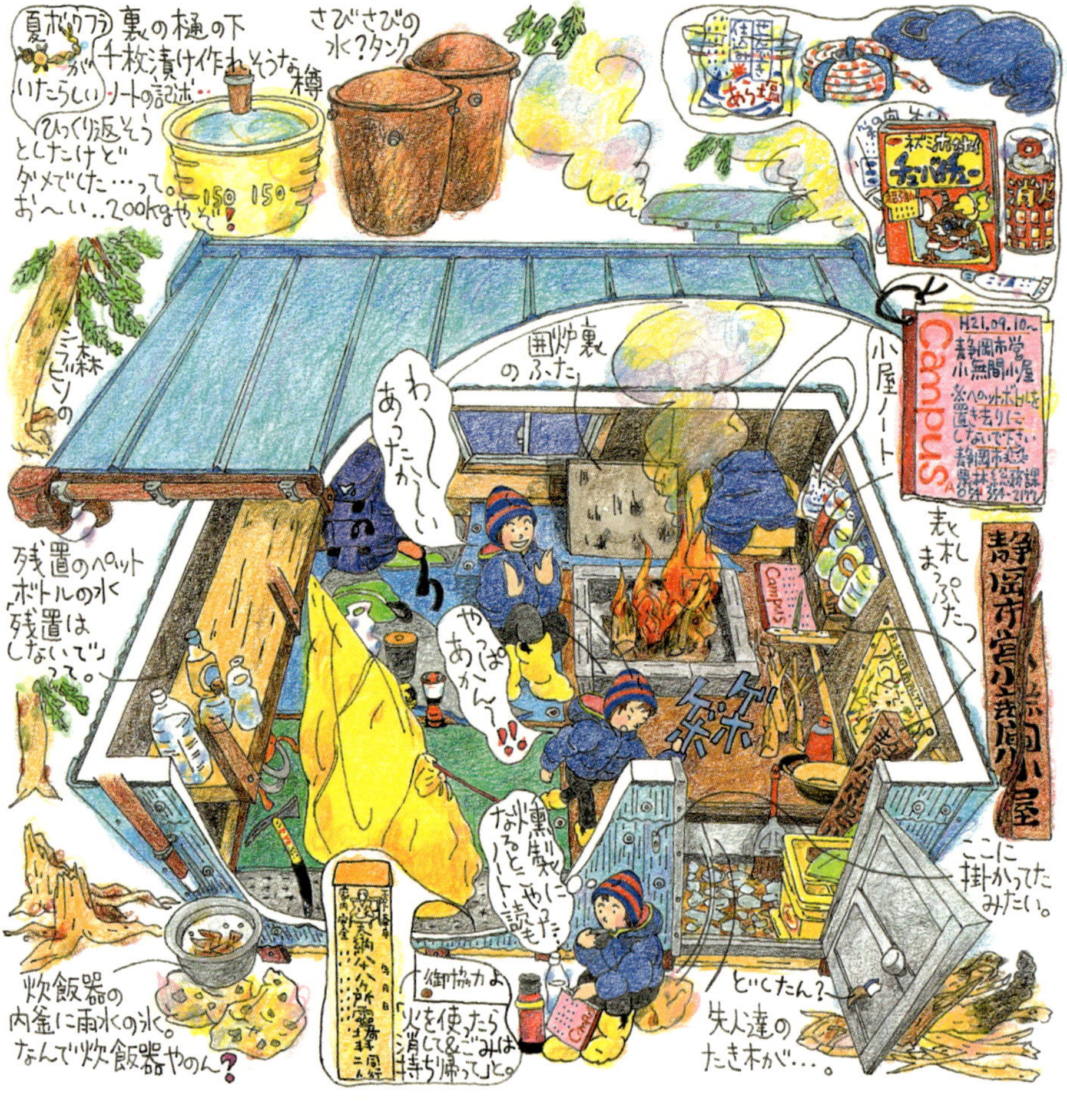

2016.1.6

山名の由来は「無間地獄」から説と…。
ききゅうきゅう
井川の方言「むけん」＝眉間から説と。
南アルプスの南の南の大無間山塊。
赤石岳3120
兎岳2818
聖岳2796
茶臼岳
上河内岳
光岳
2591
池口岳
2392
椹島
笊ヶ岳
2629
青薙山
2406
畑薙湖
大井川
小無間山
2150
中無間山
2109
大無間山2329
千頭山
川根本町
唐松谷頭
風イラズ
井川
P1 P2 P3 P4
諏訪神社
田代
井川湖
静岡市葵区
朝早く諏訪神社から…。
今日祭りなんだよ
静かな森を登って…。
鹿なら鳴くはず。
きゃ
ガサガサ
くまきじ！？
はっ
お祭り明日もやってるかな？
タコ焼き
たのむよ〜熊鈴！
小無間小屋に到着。
あっパンメシ忘れた…。
小無間山直下のガレ場。崩壊が進んでいるらしく…。
ロープ遠いなぁ…
わ〜ごめんナサイ
シートベントしたよ
もくもく
ガラガラ
広々とした大無間山の山頂へ。
シラビソとコメツガにとり囲まれてる。
はぁ〜着いた
大無間山
2329m
山頂
本川根町千頭山の会
そのあと…。
いやいやめっちゃ遠いやん。
唐松谷ノ頭は見事な崩れっぷり。
大無間山もうちょっとかなー…。
なので ちょっと急いで…。

MOUNTAIN CABIN NO.39

小無間小屋

正月を静岡に住む姉ちゃんの家で過ごした帰り、前から気になっていた大無間山《だいむげん》に行こうと計画した。南アルプスの最南端に大きく広がるこの山の稜線は、深い森に包まれていると聞く。

小無間《しょうむげん》小屋は、井川湖畔の田代から、大無間山に向かう尾根上にある。1961年、付近の山頂にあった中部電力の無線用反射板の点検作業用に建設された。小屋に向かう途中に、崩壊した造林小屋が2軒残っているが、これらとはもともとの用途が違うようだ。反射板の撤去後、静岡市に譲渡され、以来、小屋と周辺登山道は、地元の井川山岳会の協力を得て、市が管理している。

田代集落の奥にある諏訪神社参道入口では、男性たちが鳥居横に幟《のぼり》を上げ、わさわさと忙しそうだ。聞くと「今日この神社の祭りなんだよ」と。

登山口からは、ヒノキの静かな植林を歩き、やがてケヤキやカエデの森に変わる。所々で視界が開け始め、振り返ると葉を落とした木々の間に井川湖が見えた。2時間ほど歩いたころ、麓からパーンと音が聞こえてきた。お祭りが始まったのだろうか。明日もお祭りやってたらタコ焼き食べよー。

DATA

所在地●南アルプス深南部。井川湖畔の田代から小無間山（2150m）への登山道途中、P4（1796m）そば。田代の「てしゃまんくの里」駐車場から4時間。P1～小無間山の崩壊地は通行注意。120㎝スリング、カラビナ各2つ程度持参すること

収容人数●10人

管理●通年無人、無料

水場●なし

トイレ●なし

山行日●2016年1月6～7日

問合せ先●静岡市役所中山間地振興課☎054-294-8805

下からの喧騒は間もなく消え、再び静かな森に。ふと見ると足元に熊キジ。この冬は暖かいから熊が冬眠していないかも、と聞いたが本当らしい。

誰もいない小屋でくつろぎ始め、さてそろそろごはんでも作ろうと思ったとき、そういえば、ごはんって持ってきたっけ？　と思い至った。ははは……ないもんは仕方ないか。

翌朝は、日が昇るころに出発。P3、P2、P1の小ピークの登り下りの後、小無間山手前で崩壊箇所を通過する。静岡市では当時この箇所は「通行注意」。小屋ノートに、ここで引き返したという記述もあった。崩壊は今も進行中のようで、フィックスロープがと、と、と、遠い！　注意して歩いても落石を起こしてしまい、深い谷底にガラガラガラ〜と派手に転がっていった。あまりの迫力に目が点。人はいないようだけど、どうかこの下で熊ちゃんが下敷きになっていませんように。

小無間山からは針葉樹の森を歩いた。雪の上に木々の影が黒く模様を作る。はるか上空で猛禽類がゴーと音をたて飛んでいった。唐松谷《からまつだに》ノ頭に立つと、崩壊した谷の向こうにどどんと大無間山が出現。ここから少し下って登り返し、その先に見えるのが大無間山。ガーン！　思ったより遠い。

一生懸命歩いて大無間山の山頂へ。ふ〜無事に到着。ここから同じ道を戻り、小屋からさらに田代まで下らねば。お祭りまだやってるかなぁ……。

MEMORIES

姉ちゃんの家から登山口に向かう途中で食料を買うつもりが、いつの間にかお店がないエリアに突入。車の中にあるものをザックに詰め込んで出発したら、晩メシがまったくなかった。お腹は減ったけど、なんとかなるもんだ。

MOUNTAIN CABIN

NO.40

伊吹山避難小屋

関西

湖北

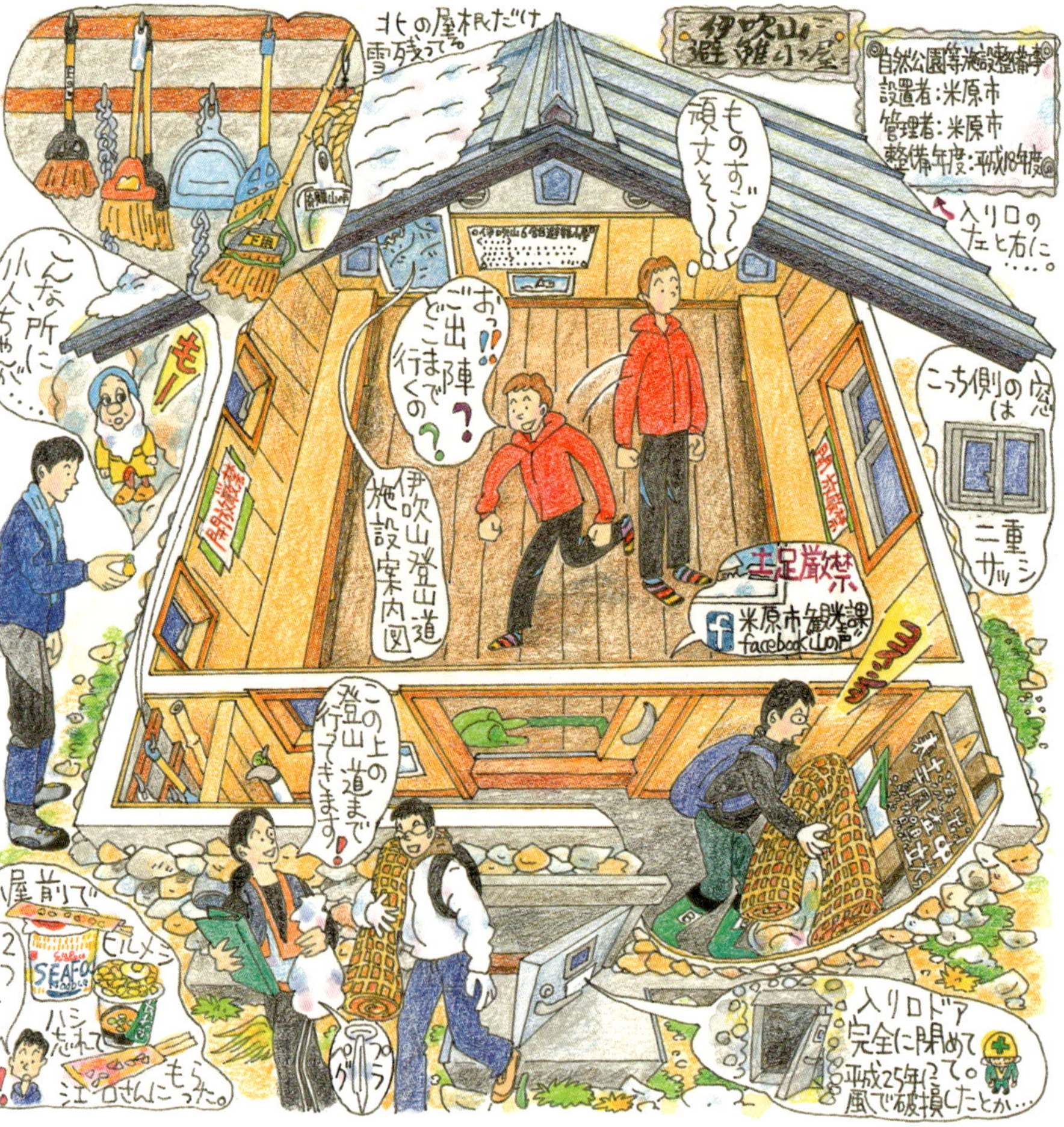

2016.12.8

でもセメント取ってるんやね
このへん
うどん
花の山…。
日本武尊伝説もある伊吹山…。
深田百名山のひとつ…。
滋賀県
米原市
岐阜県
揖斐川町
大禿山
御座峰
1070
伊吹山寺
伊吹山
伊吹山ドライブウェイ
長谷川
住友大阪セメント伊吹山鉱山
伊吹山
1377
長浜市
姉川
三合目
関ケ原町
三宮神社
上野
P
伊吹山避難小屋
一合目を過ぎ、ふり返ると
鈴鹿山脈やら琵琶湖やら…。
ドリアン…
DORIAN
ザブ
ちょ〜ん
三合目あたりで雲がちぎれ…。
あっ！小屋や〜。
お茶飲みますか〜
あっちすぐ近くですよ！
この方、山のお師匠さん
昨日奈良の天香久山行ったよ
小屋前にいたら、
奈良の川本さんと
埼玉の林さんが。
頂上台地には雪。
ガスが出てきて…。
山頂をぐるりと…。
御嶽や！
一瞬ね…
困った顔の日本武尊
まっ白ですね
ばったり
向こうから来たシエロ直えさんと…。
伊吹山寺でおみくじ。
緊急避難所
のわりに中吉！…
目くるめく
恋の思い…よ
輝やかに…
吉
あなたの花はブーゲンビリアです
私？
ナゾ
土砂と種の
流出防止ネットを張るんです
避難小屋まで下ると、
滋賀県立大の学生さんが
作業に向かうところ…。
皆本さん
遠藤さん
佐竹さん
いってらっしゃい〜

MOUNTAIN
CABIN
NO.40

伊吹山避難小屋

上《じょう》州《しゅう》武尊《ほたか》山に登ったあと、日本武尊《やまとたけるのみこと》つながりで伊吹《いぶき》山に登りにいった。伊吹山には日本武尊の神話がいくつかある。

伊吹山の山頂には、大正8（1919）年1月に気象の測候所が建てられ、山麓の春照《すいじょう》測候所と連携し、観測を行なっていた。作業員の交代登山中の待避所、また荷上げの際の中継地点として、大正10（1921）年、三合目に待避所を建て、1969年に、三合目避難所に代わって六合目避難小屋が建てられた。

測候所は89年に無人化し、2001年には廃止された。だが、避難小屋は登山者の休憩、避難用に残され、旧伊吹町（05年米原市となった）が管理をしていた。老朽化により改修され、06年11月に現在の2代目の小屋となった。

麓の上野集落から出発した。この日は初冠雪。寒い朝だったなぁ。駐車場のおじさんは「晴れてくれれば御嶽《おんたけ》まで見えますよ」と見送ってくれた。

樹林帯の森の中をのんびりと30分ほど進むと一合目に出た。その先はスキー場跡の草原を歩く。遮るものがなく、振り返ると琵琶湖や米原の街並みが見え、雲の間から鈴鹿《すずか》山脈や養老《ようろう》山地が現われた。草むらに、グミのような

DATA

所在地●琵琶湖北・滋賀県米原市にある伊吹山（1377m）南西の六合目下（975m）。上野集落三之宮神社から一合目、三合目経由で2時間30分、六合目付近小屋から山頂までは1時間20分
収容人数●10人
管理●通年無人、無料
水場●なし
トイレ●なし
取材日●2016年12月8日
問合せ先●米原市役所環境保全課☎0749-58-2230、伊吹山文化資料館☎0749-58-0252

赤い実をつけた木があった。

避難小屋に着いて休憩していると、奈良県の川本さんと、埼玉県の林さんがやってきた。前日私は奈良県の天香久山《あまのかぐやま》に行ったばかり。そう話すと、川本さんは、天香久山は家のすぐそばで、昔からよく行くのだと言った。

小屋を出発し、石灰岩がゴロゴロする登山道を登っていく。広い頂上台地に着くと、雪に覆われ、ガスも出てきて、先ほどまでと打って変わってあたりは真っ白だ。向かいからやってきた江口直之さんと「まっ白ですね」と顔を見合わせた。名古屋市に住む彼は、比較的近いこの山に、トレーニングを兼ねてよく来るそうだ。

頂上には休憩所や売店が立ち並ぶ。建物の多さにびっくりしていると、夏には登山者であふれかえるのだと教えてくれた。話しながら一緒にぐるりと一周し、伊吹山寺でおみくじを引き、山頂を後にした。

避難小屋まで下りてくると、学生さん3人が、何やら作業に向かうところ。彼らは、滋賀県立大学・平山琢二准教授の応用動物管理学ゼミのお手伝いで作業をしていた。ニホンジカの食害で裸地化した山肌にネットを張り、土砂や種の流出を防ぎ、植物を再生させる試みをしているそうだ。04年春からデータを取り始め、現在は米原市からの協力も得ている。

伊吹山を巡るさまざまな人たちの一面に駆け足で触れた山行だった……。

高橋Ⓟのお母さん
柚子茶とおいも
おいしかったです。

MEMORIES

名古屋に住むご夫婦が、この小屋いいよと教えてくれた。途中で会った江口さんとは下山中も一緒。駐車場に着くと私の隣に青い車が。江口さんの服が青なので、まさかと思ったら江口さんカーだった。青が好きなんや？

MOUNTAIN
CABIN

NO.41 霊仙山避難小屋

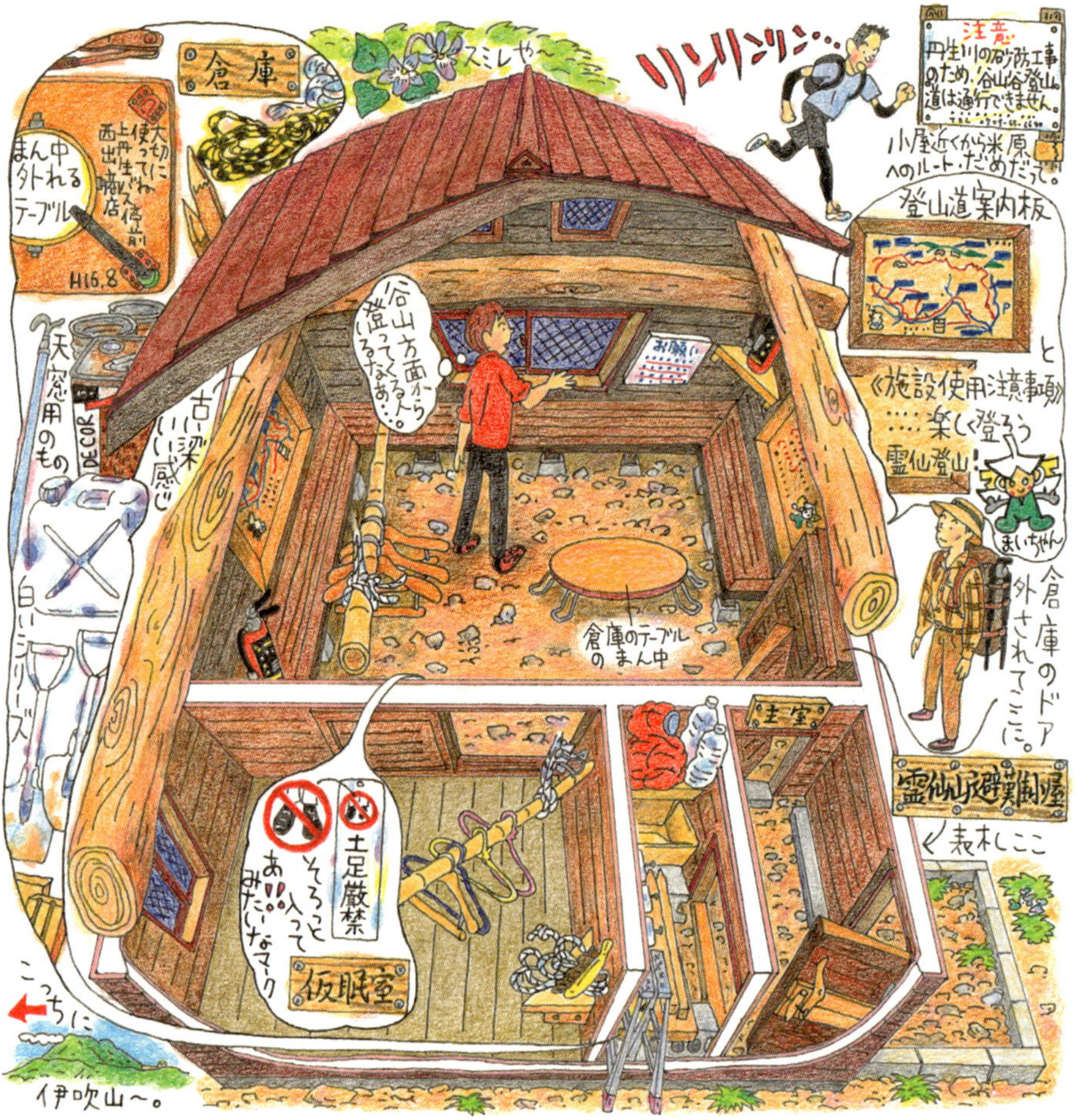

2016.5.2

新緑の森きれいやったなあ〜。
あっちこっちから鳥の声が…。なんの鳥？
竹同井さん元気かなあ…
大阪のお友達
こっちこい こっちこい
え!?
登り始めて10分ほどで今畑の廃村へ。
鈴鹿山脈の北にある霊仙山。
滋賀県米原市
岐阜県関ヶ原町
彦根市
琵琶湖
牧田川
霊仙山 1084
最高点 1094
今畑
多賀町
三国山
霊仙山避難小屋
御池岳 1247
藤原岳 1010
鈴ヶ岳
三池岳 972
釈迦ヶ岳
御在所岳
鎌ヶ岳
三重県いなべ市
霊仙山の最高点に着いたのはお昼ごろ。
おっちゃんと写真撮りっこして…。
広々とした稜線を進んで…。
山頂
最高点
足元ガレてる…
経塚山
あっ小屋や!!
あの〜撮ってもらっていいですか？
山頂写真ひさびさ ちょっとキンチョー!!
地図だと一〇九四mやけど？ 標高ちがう…。
そのまま小屋に直行！
だ。
小屋から経塚山に戻ったら
ああ…スミマセン 朝伊吹山登ってから来たらもう一歩も動けません…
わっ 動いた…
山頂行ってから降りよ〜
岩と同化した人が…。
ぱあ〜
復活!!
霊仙山の山頂へ。
琵琶湖のほとりって
明るくていいなあ〜…。
下山途中のお虎ヶ池では生命の競演が…。
俺が俺が俺が
うわ〜

MOUNTAIN CABIN NO.41

霊仙山避難小屋

以前、琵琶湖西側の比良《ひら》山から、琵琶湖を見た。湖面とそれを取り囲む街はぱぁ〜っと明るく、遮るものがないので、対岸の山々がよく見えた。あっけらかんと明るい独特の風景を見たくて、同じく琵琶湖が見える山、霊仙《りょうぜん》山に向かった。この山は、展望がよく、春から秋までは花が多いので、ファンが多い。

現在の霊仙山避難小屋は2代目。１９８１年に建てられた初代の小屋は、老朽化に加え、98年9月の台風で倒壊。その後、地元米原町（現米原市）の要請で、２００３年5月に滋賀県が現在の小屋を建てた。ゆったりした山容は、それだけに悪天の際には道迷いなどの遭難があり、ここに小屋があったほうがよいという声があがったからだ。小屋と周辺登山道の管理は、米原市上丹生の任意団体、霊仙クリーンロードクラブ（旧霊仙山岳会）の力を借りて、米原市が行なっている。

登山口から杉林の中を進んだ。しっとりとした森の中にクリンソウが咲いている。10分ほどで、今畑の廃村に入った。集落を過ぎ、新緑の森を登っていく。黄緑色の葉はまぶしく、鳥の声に混じり、眠気を誘うチェーンソーの

DATA

所在地●鈴鹿山脈北部・霊仙山三角点（1084m）から北東に800mの稜線上（1017m）。山頂南西の今畑口から西南尾根を登り、霊仙山最高点（1094m）、経塚山経由で3時間
収容人数●10人
管理●通年無人、無料
水場●なし。登山口から10分ほどの今畑廃村の水場で汲んでおくとよい
トイレ●なし
山行日●2016年5月2日
問合せ先●米原市役所商工観光課☎0749-58-2227、滋賀県多賀町商工観光課☎0749-48-8118

音が下部の森の中から聞こえてきた。

森を抜けると石灰岩の登山道が続く。もう少し早く来ればフクジュソウの大群落が見られるようだ。稜線に出ると、これから歩く霊仙山までのたら～んとした尾根が広がった。

ちょうどお昼どきで、尾根上の最高点には人がいっぱい。南側斜面に座るカップルの目線の先には御在所《ございしょ》岳までの山々が広がっていた。北側すぐそばに経塚《きょうつか》山があり、そこから降りる尾根の途中に避難小屋が見えていた。小屋の向こうに伊吹《いぶき》山が霞んでいる。

最高点から小屋を往復し、経塚山に戻った。さて霊仙山の三角点を往復してから下山しようかな。ここの三角点は最高点とは別の場所にあり、そちらが山頂という、ちょっと変わった場所だ。なんでやろ?などと考えていたら、誰もいないと思っていた経塚山山頂の隅には若者が寝転がっていて、飛び上がるほど驚いた。聞けば早朝伊吹山を登ってきてからここまで来たそうだ。「もう動けない」って言っているけど、眠いだけ?

そこからひと登りすると三角点の山頂に到着。目の前に琵琶湖が広がり、湖畔の上に春霞の中の山々が見渡せる。比叡《ひえい》山、比良山脈、赤坂《あかさか》山……。あぁ、この風景が見られるからここに三角点を設置したんやろか。今日は夏みたいに暑かったけど、からっと気持ちのよい一日だった。来てよかった。

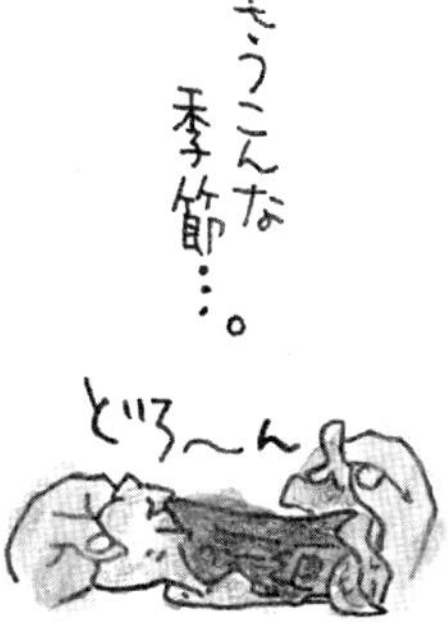

MEMORIES

登山口からすぐに寂しげな廃村があるのに、山頂付近には登山者がわんさかいて、そのギャップに驚いた。でも人気があるのもうなずける。この近くの芹谷屏風の岩場のゲレンデにはたまに来ていたけど、登ったのは初めて。

MOUNTAIN
CABIN

NO.42 藤原山荘

関西
鈴鹿

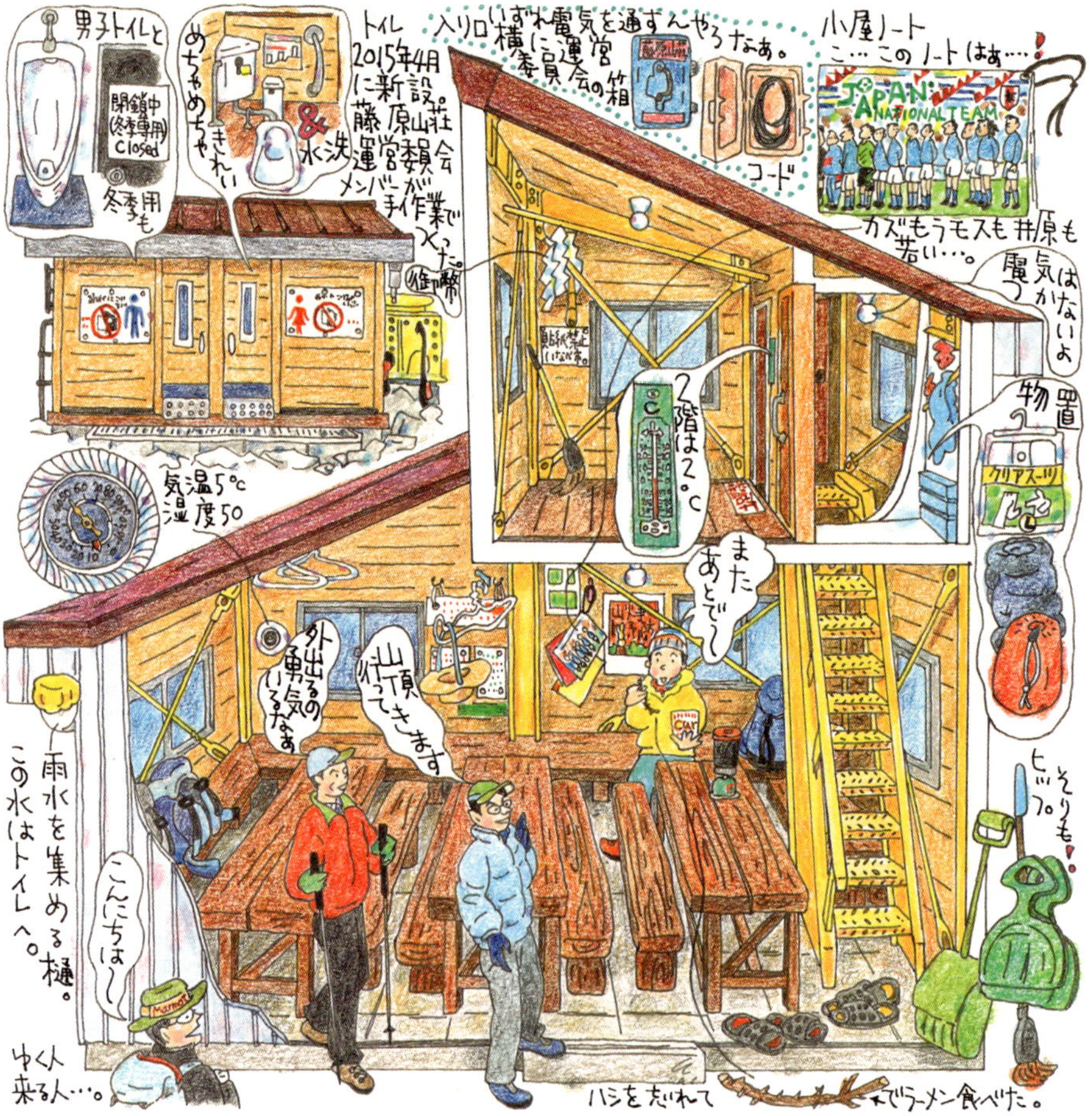

2015.12.4

花の山として人気の
この山に…。
フクジュソウ
セツブンソウ
こっち側
セメント
とってる
前から来たかった。
肉まんの季節になってしもた。さぶ…
もっといい展望スポット
行けよ…。
鈴鹿山脈の
まん中あたり…。
琵琶湖
霊仙 1084
岐阜県
関ヶ原町
滋賀県東近江市
藤原山荘
三国山
三重県
いなべ市
坂本谷
聖宝寺
御池岳 1247
頭陀ヶ平
8合目
天狗岩
西藤原
至名古屋
藤原岳 1140
竜ヶ岳 1099
三池岳
釈迦ヶ岳
伊勢湾
竜王山
雨乞岳 1238
御在所岳 1212
仙ヶ岳 961
入道ヶ岳
鈴鹿峠
登山口の聖宝寺は
紅葉の寺。
かろうじて…
冬枯れの森を
登っていくと…。
ヒ〜ヨ
ヒ〜ヨ
上部には
カルンフェルトが。
小屋はこのへん
あ 小屋だ
と思ったのはトイレだった。
ぱっ
ベタの助 はよ帰ってこい!
おもしろい石 熱帯魚への おみやげに…。
いけません
小屋でくつろいでると
次々と登山者が…。
下りたら四国の笹山と三本杭に登ってその後大峰に…あ、誰か来たね
着れるもん全部着て山頂行こうか
シェー
天狗岩からの藤原岳は違う山みたい。
山頂からは南の御在所岳までよく見えた。
あ… 何かが降りてきそう…。
ふっふっふっ…
天狗岩
そして天狗岩は違ってた。
これじゃ妖怪か…
イメージと

MOUNTAIN CABIN
NO.42

藤原山荘

鈴《すず》鹿《か》山脈のなかでも、花と展望で人気の藤原《ふじわら》岳には以前から来たかった。

藤原山荘から山頂までは、鞍部へ下ってから登り返す。このあたりには昔スキー場があり、１９５３年に三重県が営業スキー小屋「藤原岳山荘」を建てた。食事や貸しスキーがあるにぎやかな小屋だったが、67年には無人小屋になり、81年、老朽化により取り壊された。それにあたり、小屋や周辺登山道の整備をしていた「藤原岳山荘を守る会」（78年創立）が、三重県藤原町（現いなべ市）に小屋の再建を申請し、町の補助金を得て82年に現在の藤原山荘を建設。のべ４５０人のボランティアが汗を流しての手作業だったとか。その後、会は「藤原山荘運営委員会」と改組した。

また小屋建設当時からあったトイレを、いなべ市が国からの補助を得て２０１４年４月に建て替え、その建設作業も、藤原山荘運営委員会が行なった。会は現在、藤原岳周辺だけではなく広範囲な整備活動を続けていて、トイレ完成後に「北鈴鹿山岳協会」と名を変えた。

藤原岳北の頭陀《ずだ》ヶ平から縦走したかったが、その日の朝はすごく寒く、雪

DATA

所在地●三重県と滋賀県の県境にある藤原岳（1140m）山頂北側の九合目（1120m）。裏登山道（聖宝寺道）登山口の聖宝寺から2時間30分。表登山道（大貝戸道）は西藤原駅から2時間40分
収容人数●15人
管理●通年無人、無料。大貝戸登山口には駐車場と休憩所がある
水場●なし
トイレ●別棟にあり
山行日●2015年12月4日
問合せ先●いなべ市役所商工観光課☎0594-46-6309

が舞っていたので、聖宝寺《しょうぼうじ》道を登ることにした。近年登山道が崩壊していたが、迂回路が整備されている。

植林の中の急傾斜を過ぎると、冬枯れの森になった。登山道にはオモトの赤い実が見え、ヒヨドリの声が枝から枝へと渡る。八合目で大貝戸《おおがいど》道に合流すると展望が開け、山頂東側の石灰岩の採掘場が見えた。

小屋に着くと、間もなく2人連れの登山者が到着。東京から来た柳川さんと深町さんは、ツアー登山で意気投合し、三百名山を一緒に登っていて、下山後に四国や大峰《おおみね》の山に行くのだと話した。その後、鈴鹿セブンマウンテンを登っている野原さんがやってきた。

小屋から山頂まではびゅんびゅん風が強い。山頂に立つと南側には御在所《ございしょ》岳までの山脈と、麓の街の向こうにうっすらと伊勢湾が見える。北側にはすぐ近くに御池《おいけ》岳があった。その手前、岩の露出した天狗《てんぐ》岩からのなだらかな山並みの中に、藤原山荘が見えている。

山頂からいったん山荘前に戻り、天狗岩へ。カレンフェルトと呼ばれる不思議な形の石灰岩がゴロゴロする登山道は、童話の中の迷路のよう。天狗岩からは藤原岳が形を変えて見えた。

再び山荘に戻ると、中で登山者が食事をしていた。今日は思っていた以上に人に会ったなぁ。そして会う人はみんな同じことを言っていた。

平日のこんな寒い日
自分くらいしかいないかと…。
名古屋の
ありがとー
山北さん、サービスショット

MEMORIES

このあとで行った空木岳で会った小林さんが、この小屋がいいよと勧めくれた。2階の部屋は施錠されていたけど、ある日登山者が開けてしまったという話も聞いた。今はどうなっているのだろう。

関西
大峰

MOUNTAIN CABIN

NO.43 行者還小屋

2014.6.1

南から来た役行者が引き返したとか
やめよやめよ
やめた!
っていうか無理
えっ!?
そんなあっさり…
前鬼
後鬼
通称「赤い橋」から
でもね茶色かったよ
川迫川
スタート
大峰山脈のまん中あたりにある行者還岳
吉野山
山上ヶ岳
行者還岳
知辻
1546.2m
弥山
行者還小屋
沢ぞいを抜けると
釣り人
「そろそろ花が見ごろやで」…という訳で見に行くことに
暑いっすねぇ
おはようさ〜ん
カメラマンの後藤大次郎さん
ライターの加藤芳樹さん
尾根にシロヤシオが〜
今年は当たり年やなほんま
わし花のトンネルや
カシャカシャ
山頂はシャクナゲ庭園みたいだった
ニューハーフってことですか?
オレなあ花の時期は花の精が教えてくれるねん。男か女かわからんけど…。
そーなのか…
天川辻のお地蔵さん
地蔵尊
電線路安全
通行人安全
旧関電巡視路が近いからね

MOUNTAIN CABIN NO.43

行者還小屋

大《おお》峰《みね》山脈の行者還《ぎょうじゃがえり》岳周辺は、花回廊として知られる。初めて訪れた時も、ライターの加藤芳樹さんと一緒だった。台風が直撃するなかを、ずぶ濡れになって歩いたことを覚えている。加藤さんは「この場所からは◯◯が見えて……」と説明してくれたけれど、ガスに囲まれた稜線からは何も見えず、私は冷たく「あ、そう」と言ったものだ。よりによってなんでこの日に行ったのか、いまだに謎だ。でも「春はシロヤシオのトンネルになって、その花が散ると白い絨毯を敷きつめたみたいになるんやで」という言葉が忘れられず、見に行きたいと思っていた。

行者還岳の南側鞍部にある避難小屋は、１９６２年３月に奈良県によって建てられ、２００３年５月に改築された。かつては大型連休や予約があったときのみ営業する半営業小屋だったが、改築後は無人の避難小屋となった。

今回お会いすることはできなかったけれど、この小屋を長年ボランティアで整備する船野三男さん（取材時78歳）に後日お話を聞くことができた。

船野さんが初めてこの小屋を訪れた05年には、水が使えなかったことから、毎年４月に入山し、水道施設を点検して、11月には貯水タンクの水抜きをす

DATA

所在地●大峰山脈・行者還岳（1546m）の南側鞍部、行者還ノ宿（1420m）。天川村行者還林道・川迫（こうせい）川支流の布引谷と小坪谷出合の赤い橋から、天川辻経由で2時間30分

収容人数●20人

管理●通年無人、無料

水場●小屋内部に引水あり。また行者還岳方面に5分で行者雫水がある

トイレ●小屋外にあり

取材日●2014年6月1～2日

問合せ先●奈良県天川村役場地域政策課☎0747-63-0321

る。それ以外にも何度か訪れて掃除をするそうだ。「きれいな場所にはゴミを捨てにくい」「通りがかりの登山者が一度は泊まってみたいと思う、そんな雰囲気がまた小屋を清潔に保っていく」と話してくれた。

「花が見頃やで」と連絡をくれた加藤さんと、カメラマンの後藤大次郎さんとで待ち合わせた。登山口の通称「赤い橋」を渡り、沢筋から急な傾斜を進んで尾根へ。傾斜がゆるむと、踏み跡が不明瞭になり、白い花のトンネルに入った。稜線まではあとわずかだが、ここでお昼にした。加藤さんいわく、「今年は当たり年かも」。後藤さんは写真を撮りまくっている。木々の間から行者還岳の南面が見えている。上部は衝立のような岩壁で、熊野から歩いてきた役行者《えんのぎょうじゃ》（小角《おづぬ》）が、あまりの峻険さに一度は登ることをあきらめて引き返したことから「行者還岳」の名がついたらしい。

避難小屋に着くと小屋前は登山者で賑わっていたが、昼食を終えると去っていった。代わって小屋内にいた先客の山本さんが外に出てきた。京都のお寺の講《こう》に所属し、修験者のサポートでたびたび奥駈《おくがけ》に来るが、自分自身でも奥駈をつなげれば世界が変わるのではと、何度も来ているそうだ。

小屋から南に進み、山頂を往復する。途中に行者雫水という水場があって、ここから小屋に水が引かれている。ハシゴを過ぎて稜線から枝道に入ると山頂に出た。錫杖の立つ山頂は、思いがけずシャクナゲが満開だった。

MEMORIES

シロヤシオのトンネル、やっと見ることができた。加藤さん曰く、この年は当たり年。行者還岳山頂のシャクナゲも、こんなに咲いているのは初めてとか。この後歩いた弥山までの登山道も花のトンネルが続いた。

関西
大峰

MOUNTAIN CABIN

NO.44 深仙小屋

2014.4.5

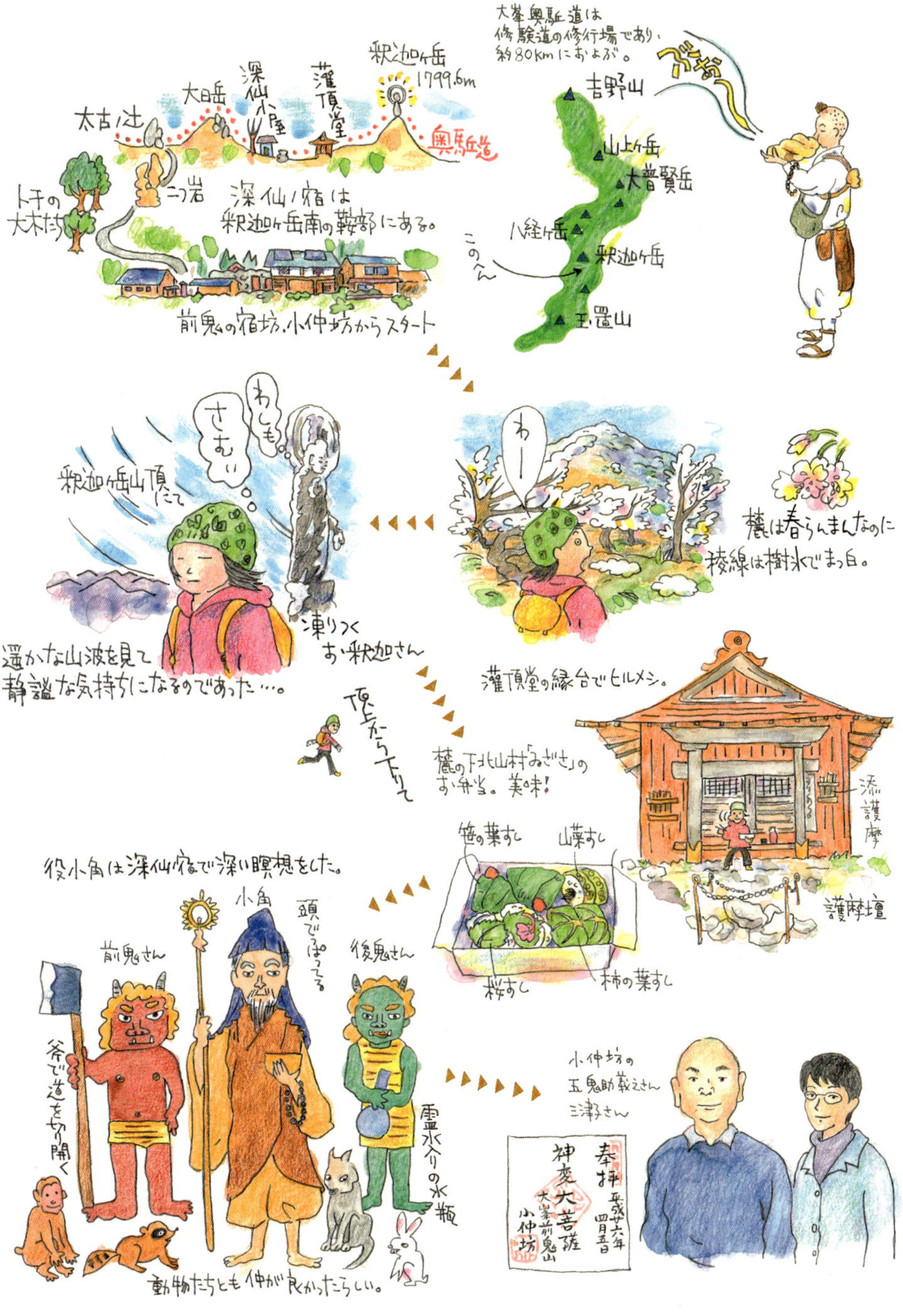

太古ノ辻
大日岳
深仙小屋
灌頂堂
釈迦ヶ岳
1799.6m
奥駈道
トチの大木たち
二つ岩
深仙ノ宿は
釈迦ヶ岳南の鞍部にある。
前鬼の宿坊、小仲坊からスタート
大峯奥駈道は
修験道の修行場であり、
約80kmにおよぶ。
ぶおー
吉野山
山上ヶ岳
大普賢岳
八経ヶ岳
このへん
釈迦ヶ岳
玉置山
わしもさむい
釈迦ヶ岳山頂にて
凍りつくお釈迦さん
遥かな山波を見て
静謐な気持ちになるのであった…。
わー
麓は春らんまんなのに
稜線は樹氷でまっ白。
灌頂堂の縁台でヒルメシ。
頂上から下りて
麓の下北山村「みざさ」の
お弁当。美味!
添護摩
笹の葉すし
山菜すし
桜すし
柿の葉すし
護摩壇
役小角は深仙宿で深い瞑想をした。
小角
頭でっぽってる
前鬼さん
後鬼さん
斧で道を切り開く
霊水入りの水瓶
動物たちとも仲が良かったらしい。
小仲坊の
五鬼助義之さん
三津子さん
奉拝
神変大菩薩
大峯前鬼山
小仲坊
平成廿六年四月五日

MOUNTAIN CABIN

NO.44

深仙小屋

世界遺産に登録され、縦走する人も多い大峰《おおみね》には、ログハウス風の快適な避難小屋がたくさんある。そんななかでこの深仙《じんぜん》ノ宿《しゅく》にある小屋は、昔ながらの小さなこぢんまりとしたものだ。

大峯奥駈道《おおみねおくがけみち》は、役行者《えんのぎょうじゃ》（小角《おづぬ》）が１３００年前に開いた修験の道。小さい頃から毎日のように山登りをしていた行者は、何度か大峰にも来て、深仙で深い瞑想をするうち悟りを開いた。

奥駈道のほぼ真ん中にあるこの場所には、灌頂《かんじょう》堂というお堂と、避難小屋が立っている。１９５７年に現在の灌頂堂が滋賀県の三井《みい》寺によって再建され、避難小屋は灌頂堂改築時の作業用の小屋として建てたようだ。

私は奥駈をするわけではないので、前鬼《ぜんき》の宿坊、小仲坊《おなかぼう》から釈迦《しゃか》ヶ岳をめざした。かつての宿坊跡や地蔵を見ながら進むと、トチノキの大木のある森に入る。二つ岩から五百羅漢と呼ばれる岩塊を眺め、ひと登りすると太古《たいこ》ノ辻に着いた。ここで奥駈道に合流する。

稜線は風が吹き抜け、木々には樹氷がへばりついていた。大日《だいにち》岳への分岐を過ぎると、釈迦ヶ岳が現われる。白い樹氷に覆われた山肌は、麓の下北山

DATA

所在地●大峰・釈迦ヶ岳（1800m）南、深仙ノ宿（1490m）。前鬼林道終点から前鬼・小仲坊、太古ノ辻経由3時間30分

収容人数●10人

管理●通年無人、無料

水場●小屋から200mに「香精水」がある。水量は少なく、冬は雪に埋まる

トイレ●なし

取材日●2014年4月5日

問合せ先●新宮山彦ぐるーぷ世話人沖崎吉信☎090-7109-3998、五鬼助義之さん自宅☎072-834-1074

村で見た満開の桜を思わせた。深仙ノ宿からさらに北に進み、釈迦ヶ岳に到着。山頂に立つブロンズの釈迦像は、冷凍庫から出したばかりのように凍りついてちょー寒そう。この像は大正13（1924）年、「鬼雅」と呼ばれた大男の強力、岡田雅行が担ぎ上げたという。山頂からは南奥駈の深い山々が見渡せた。しかし寒いので、さっさと下山して深仙ノ宿に戻った。

深仙ノ宿にある灌頂堂内部には宝永元（1704）年製の銅の釣灯籠などが保管されている。灌頂堂の縁台に座り、麓で買った柿の葉寿司を食べた。少し離れた場所に立つ小屋を見ると、吹けば飛びそうな佇まいだが、中に入るとあったかい。灌頂堂は修験の場所で、登山者は泊まることができない。この小屋は縦走するなかで大事なオアシスだ。

来た道を戻り下山すると、小仲坊の雨戸が開け放されていた。建物まわりはミツマタの花が満開だ。役行者は、彼に仕えていた鬼の夫婦の前鬼と後鬼に、この場所に宿坊を拓かせた。現在は鬼の子孫、五鬼助《ごきじょ》義之さんと妻の三津子さんが小仲坊を守る。

ご朱印をいただき、隣にいる愛犬の名前を聞くと神変《じんべん》だと教わった。神変は役行者が没後与えられた諡号《しごう》だ。行者は、生まれ変わりを繰り返し、そのたびに大峰に痕跡を残している。今もまた生まれ変わっているのだろうか。まさかお前……と私を警戒する柴犬の黒く濡れた瞳を見た。

こわがられた
ジンベン
ジンって呼ばれてる。

MEMORIES

3年7カ月後、行仙宿山小屋で会った米沢さんがこの小屋から縦走してきた。現在はLEDの照明が設置され、小上がりも広くなっているとか。小仲坊の五鬼助さんは、高桑信一さんの著書『山小屋の主人を訪ねて』にも登場する。

関西
大峰

MOUNTAIN
CABIN

NO.45 行仙宿山小屋

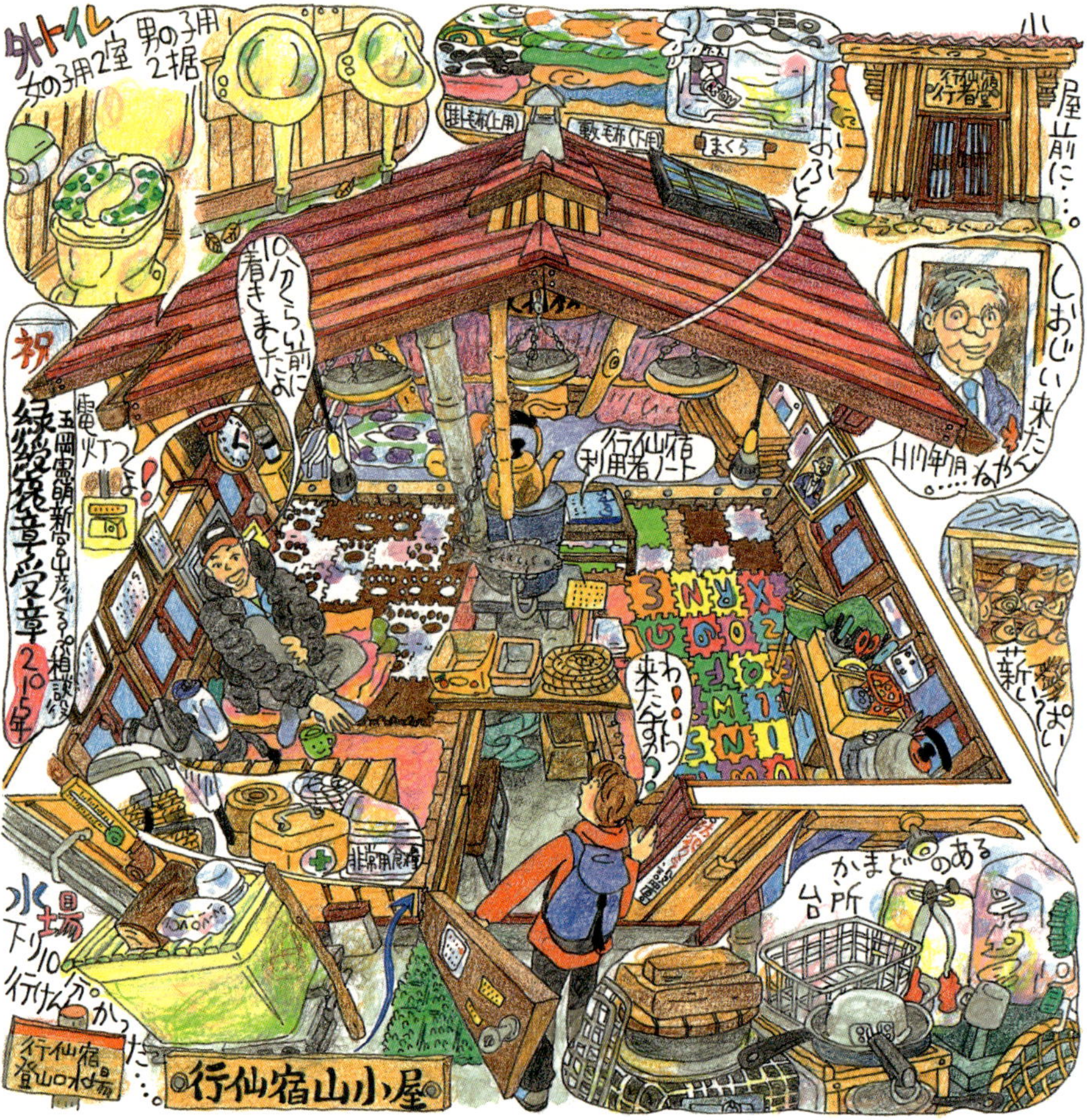

2017.11.11

沢ぞいの登山道を歩いて…。
雨やんでヨカッタ…
十津川橋を渡り…。
奈良県吉野町
大峰山脈の…。
修験道のクライマックス感漂う大峯南奥駈道…。
吉野川
川上村
金峯山寺
青根ヶ峰
大天井ヶ岳
大峯山寺
山上ヶ岳
大普賢岳
八経ヶ岳
釈迦ヶ岳
行仙岳
笠捨山
玉置山
天川村
天ノ川
十津川
熊野川
下北山村
田辺市
本宮大社
和歌山県
新宮市
三重県熊野町
下北山村
八大金剛童子
茶臼山
十津川橋
植林小屋から…。
傾斜が〜。
よいしょよいしょ
行仙宿山小屋
稜線はきれいな森。笠捨山見えてきたよ。
遠いやないか!
林道を横切り…。
こりゃまた
小屋に戻って…。一休みして下山しよかね。
かちゃ
こんちはー
小屋からLET'S GO 笠捨山。谷を渡る風すごいよ。
ひー
ゴゴゴ
笠捨山山頂は山また山の世界が〜。
ここにも槍ヶ岳!
江戸時代ここで笠を捨て…
ってならわし。
ぽい
スペアなかったってんしたって…。

行仙宿山小屋

大《おお》峰《みね》山脈の大普賢《だいふげん》岳に登った後、南に足を延ばし、行仙宿《ぎょうせんしゅく》から笠捨《かさすて》山に登ることにした。大峰南部を歩くのは始めて。

約80kmの大峯《おおみね》奥駈道《おくがけみち》のなかで、釈迦《しゃか》ヶ岳南の太古《たいこ》ノ辻から玉置《たまき》山を経て熊野の本宮大社までを南奥駈道と呼ぶ。40年ほど前まで、この南奥駈道は道が荒れ、修験者は太古ノ辻から下ることが多かった。この状況に、修験者のひとり、前田勇一さんが南奥駈道を再興させようと、奥駈《おくがけ》葉衣会《はごろもかい》を発足。登山道整備をし、１９８１年に持経宿《じきょうしゅく》山小屋を建設した。しかし1年半後に前田さんは病死し、会は自然消滅した。

小屋の管理を引き継いだ新宮山彦ぐるーぷ（74年発足）が、84年から「千日刈峰行」と銘打ちヤブ刈りを行なった。足掛け3年、本宮までの道を切り拓いた後、二巡目の刈峰を行ない、その途中、玉置山から持経宿山小屋までは行程が長いので、道の再興と維持のために山小屋建設を決めた。

現在小屋がある佐田辻に小屋を建てたのは、水場や敷地、物資の補給の点から。八方から２０００万円の募金を集めて、敷地造成をし、のべ９５６日かけて90年6月、小屋を完成させた。大工や職人のほかは、山彦ぐるーぷの

DATA

所在地●大峯奥駈道南部、行仙岳（1227m）と笠捨山（1353m）間にある佐田辻（1128m）。下北山村浦向の十津川橋から林道を絡めて3時間。白谷トンネルから林道を進み、新宮山彦ぐるーぷ補給路を歩いて、1時間で登ることもできる
収容人数●40人
管理●通年無人。維持管理のため、小屋利用料（2000円以上）を入り口右の志納箱へ
水場●小屋南斜面を10分下った沢水
トイレ●小屋に併設の外トイレあり
取材日●2017年11月11日
問合せ先●新宮山彦ぐるーぷ世話人沖崎吉信☎090-7109-3998

仲間やそれ以外の協力者、合計１２９人が手弁当、手作業で行なった。

下北山村から十津川橋を渡り、植林の中の道を歩き始めた。傾斜は緩いが、いつの間にか沢は下になっていく。崩壊した植林小屋横で枝沢を渡ると傾斜が出てきた。アセビやアラカシの森と杉林が交互に現われ、途中で林道を横切って長い階段を上り、稜線に出た。シャクナゲのトンネルを抜けると紅葉した木々の向こうに大峰南部の山々が広がった。

小屋でひと休みした後、笠捨山に向かう。風に揺れるブナの木々が、ぎしぎしと古い木船のような音を立てる。足元の枯れ葉をかさこそと踏みながら進んだ。やがて四角い笠捨山が現われ、山頂に立つと、南に続く奥駈道のその向こうにも延々と山が連なっていた。

小屋に戻ると、米沢さんという男性がくつろいでいた。深仙《じんぜん》小屋から歩き、この日はここに泊まると言う。深仙小屋にいた他の登山者は、そこから下山したのだとか。朝、小屋前に熊が来たそうだ。奥駈道を歩くのは5回目。今回は熊野まで歩いた後、往復して吉野まで戻ると話した。前にも一度往復したが、「行きと帰りで、山は全然姿を変えますよ」と話した。

南奥駈道は、前日訪れた大普賢岳とは雰囲気が違い、寂しさが漂う、静かな山だった。そうそう、笠捨山は、西行《さいぎょう》法師があまりの寂しさに笠を捨て逃げたことからこの名がついたそうだ。

MEMORIES

新宮やまびこぐるーぷの沖崎さんからうれしいお便り。私のイラストを会で見て、これは俺が設置した、このマットは私が寄付したと盛り上がってくれたと。一緒に送ってもらったぽんかんジュース、うますぎて取り寄せた。

MOUNTAIN
CABIN

関西
熊野古道

NO.46 小辺路・かやごや

2016.5.1

熊野古道のひとつ、小辺路。
伯母子岳はその途中にある。
大股を出発して…。
伯母子岳往復ですか?
今日一日ヨロシク〜
高野山から歩いてきた人も。
京都の中澤さん夫妻
こちらこそ〜
高野山
大股
奈良県
野迫川村
萱小屋跡
十津川村
夏虫山
桧峠
伯母子峠
伯母子岳
紀伊路
小辺路
中辺路
大辺路
大峯道
伊勢路
熊野本宮大社
新宮
熊野速玉大社
熊野那智大社
かやごや
マトリョーシカ調説明…。
とりあえず一休みして…。
おむすびは?
ガーン
つづら折りの道を登っていくと…。
突如地図にない小屋が!
ふ〜ん
この小屋のこと知ってました?
いいえ…知らなかったですよ
萱小屋跡
昔は茶屋などがあったが30年ほど前から無住で…云々
進んでいくと伯母子岳が。そして再びガ〜ン
マップとグミは?ポケットに入ってたのに
果汁グミ
伯母子岳の山頂は360度の大展望!
ほんまに360度やし〜
あのタワーが護摩壇山ですわ
これですわ
おおきにほんまにいやマジで…。
かやごや前には居心地良さげなテントが。
縦走して十津川温泉まで…行けるかなあ〜
中さん

MOUNTAIN CABIN NO.46

かやごや

熊野古道のひとつである小辺路《こへち》は、高野山と熊野本宮大社を結ぶ参拝道。全長72kmと行程が長いため、高野山の千手院橋から南下して、大股《おおまた》の集落で宿泊する人も多い。また二百名山のひとつである伯母子《おばこ》岳にのみ登る人も多く、大股はその起点となる場所だ。小辺路をぜんぶ歩いてみたいと思いながら、なかなか実現しないので、大股から伯母子岳を往復することにした。

山と谷に挟まれた大股集落に到着したのは、午前中の遅い時間。年配の女性が通りかかり、「朝からようけ上がったよ」と言い「私らこんな近くに住んどっても上がったことないわ」と続けた。隣で準備をするご夫婦と話し、行程が同じだとわかると、「今日一日よろしく」と見送ってくれた。

集落を抜け、杉の植林に入った。直線的な木立に飽き始めたころ、クヌギやカエデが現われ、つづら折りの登山道は植林と自然林を行ったり来たりした。40分ほど歩くと、萱《かや》小屋跡に到着。この場所は「かつて茶屋や住居、畑などがあったが、現在人は居住しておらず、住居もない」という予備知識があったが、驚いたことに居心地よさげな避難小屋があった。

DATA

所在地●熊野古道・小辺路の前半部分にある。大股の集落から伯母子岳（1344m）に向かい40分ほど（標高965m）

収容人数●8人

管理●通年無人、無料。不定期に「かやごやの会」の人がいる。ストーブ用の薪や、小屋裏の水場にあるビール、ジュースは売り物ではないが、使用して心付けを置いていく登山者が多い

水場●小屋裏にあり

トイレ●なし

取材日●2016年5月1日

問合せ先●大路照代（かやごやの会）☎0747-38-0130

この地には、かつて数軒の茶屋があった。昭和50（1975）年代頭には無住となり、ここで生まれ、14歳まで過ごした大路照代さんは、今は大股で暮らしている。娘さんが小学生の頃「あの場所から学校に通ってみたい」と何気なく言いだし、大路さんは茶屋の屋根と土台跡に自己流で手を加え始めた。立ち枯れた高野槙《こうやまき》を撤去しようと知人に声をかけたのをきっかけに次第に人が集まり、登山者に使ってもらえる小屋を造るために、整備して水を引き、次第に小屋を完成させていった。2004年9月に小屋の外観ができ、以来手を加えながら登山者に開放している。大路さんの娘さんも「小屋からの小学校通い」を実現したそうだ。

下山後にそんなことを知った私。とりあえずヒルメシ、とザックを開けると、入っているはずのおむすびはなく、ハラペコのまま山頂をめざした。

小さな鞍部を一つ越えると、こずえの向こうに伯母子岳が見えてきた。登山道は平坦になり、思ったよりも早く山頂に到着。山頂は三六〇度の大展望だ。大峰の南部の山々や、なんたらもかんたらも見える……。あぁもうポケットに入れていた地図を途中で落としてしまったので、どれがどの山なのかが全然わからんやないかーい！　とそのとき、登山口で出会ったご夫婦が山頂に到着し、なんたらもかんたらも教えてくれた。おおきに〜。この後、和歌山の山を登りに行くのだとか。おむすびは家で待ってたみたい。

MEMORIES

この小屋のことはまったく知らなかったので、本当に驚いた。小屋内部のあちこちで楽しみながら作ったのがわかる。テントで泊まっていた中進作さん、ゴルフは反省ばっかりだけど、登山は達成感が残っていいって。なるほど！

MOUNTAIN CABIN

NO.47

小辺路・伯母子岳山小屋

2016.5.1

コーラをがぶ飲み
萱小屋跡で
食べるつもりの
おむすびはザックに
入っていなくて…。
前回に続き、熊野古道のひとつ、小辺路。
いつか全部歩いてみたいなぁ…。
和歌山県高野町
伯母子岳山小屋
今回は
ほんのちょっと…。
高野山
奈良県野迫川村
大股
萱小屋跡
桧峠
伯母子峠
五條市
三田谷
神納川
十津川村
和歌山県田辺市
十津川
おそらく
緑が美しい峠道を散らかしながら…。
おーい
伯母子岳の山頂へ。
山の名前教わってたら男性がやって来た。
伯母子岳
大股で会った人
確か
高野山方面から来てた人…。
彼は
写真を撮り
うまそーに
煙草を吸うと…。
寡黙…
地図落とされませんでしたか？
と言って…
三田谷に向かいました。
あれ
ごはんはなかったっけ？
水場の近くでゴロ寝しますわ
三口くらいで食べ終わりそう
心の拠り所にとっといたの…。
小屋の前で、
なけなしのミニラーメン…。
あ…伯母子岳から
人が下りてきた！

MOUNTAIN CABIN NO.47

伯母子岳山小屋

熊野古道のひとつ、小辺路《こへち》。その前半部分にある伯母子《おばこ》岳は、山頂から大峰《おおみね》山脈や奥高野の山々が見られる展望の山として知られる。高野山と熊野三山のふたつの聖地を結ぶ古道にあり、二百名山でもあるが、登山道はひっそりと静かで周辺は山深い。

頼みにしていたおむすびを家に置いてきてしまい、さらに気がつくと、歩きながら食べようとしていたグミも、一緒にポケットに入れていた地図もなかった。萱《かや》小屋跡から山頂まではわずかな時間なのに、私は登山道を散らかしながら歩いてきていた。

ちょっと落ち込みながら伯母子岳の山頂へ。たった今、護摩壇《ごまだん》山に向かった登山者がいたらしく、西の尾根からリンリンと鈴の音が聞こえていた。その音が消えると、山頂は静けさに包まれた。登山口で出会ったご夫婦が到着し、山の名前を教わった。続いて男性が到着。高野山方面から大股《おおまた》へと歩いてきた人だ。彼は煙草を一本吸い終わると、「地図、落とされませんでしたか?」と手渡してくれた。萱小屋跡からすぐの所に落ちていたそうだ。ありがとう〜。「グミなかったですか?」とはさすがに聞けなかった。彼は早朝

DATA

所在地●熊野古道・小辺路の前半部分の伯母子峠(1246m)にある。大股の集落から伯母子岳(1344m)方面に7km、3時間。伯母子岳山頂からは北東に約600m
収容人数●15人
管理●通年無人、無料
水場●伯母子峠から三田谷方面に5～7分ほどの沢水。水量が少ないこともある
トイレ●別棟にあり
取材日●2016年5月1日
問合せ先●奈良県野迫川村役場産業課☎0747-37-2101

高野山を出発し、その日のうちに三田谷の集落まで下ると言って去っていった。ペース早いなぁ。

ご夫婦はUターンして大股まで下山し、私は伯母子峠に向かった。ここに伯母子岳山小屋がある。山頂から三田谷方面へちょこっと下ればすぐだ。

伯母子岳山小屋は、長い登山道上に山小屋がないことから、麓の野迫川村《のせがわ》が建設した。現在のように国有林の管理規制が厳しくなかった頃、おそらく30年ほど前に「勝手に」建てたそうで、その正式な建設年月日は不明だ。現在も野迫川村役場の職員がここを訪れ、周辺登山道や小屋を管理、清掃している。また２００４年に循環式のトイレを新設したが、峠には水がなく、タンクに雨水をため、トイレ用の水を確保する作業もあるというからとても大変そうだ。

峠にあった小屋は古かったが、中はきれいに整理されていた。小屋ノートは新しく、二番目に書き込みをした。私の前の書き込みは福岡の人で、ここに泊まったようだった。小屋前でなけなしのラーメンを食べていると、山頂から男性が下りてきた。男性は小屋周りをぐるりと一周し、中を見て、ここに泊まるか迷った末に「水場の近くでごろ寝します」と去っていった。

思ったよりたくさんの人に会った。同じ日、同じ山に来ていてもスタイルはそれぞれ違うなぁ。

MEMORIES

小辺路の端っこをちょこっとだけ。全部歩いてみたいけど……ってこんなの多いなぁ。世界遺産に登録され、外国人も歩きにくる美しい登山道。そんなところを私ったら、いろんなもの散らかしてさ〜。

MOUNTAIN CABIN NO.48

氷ノ山山頂避難小屋

関西
氷ノ山

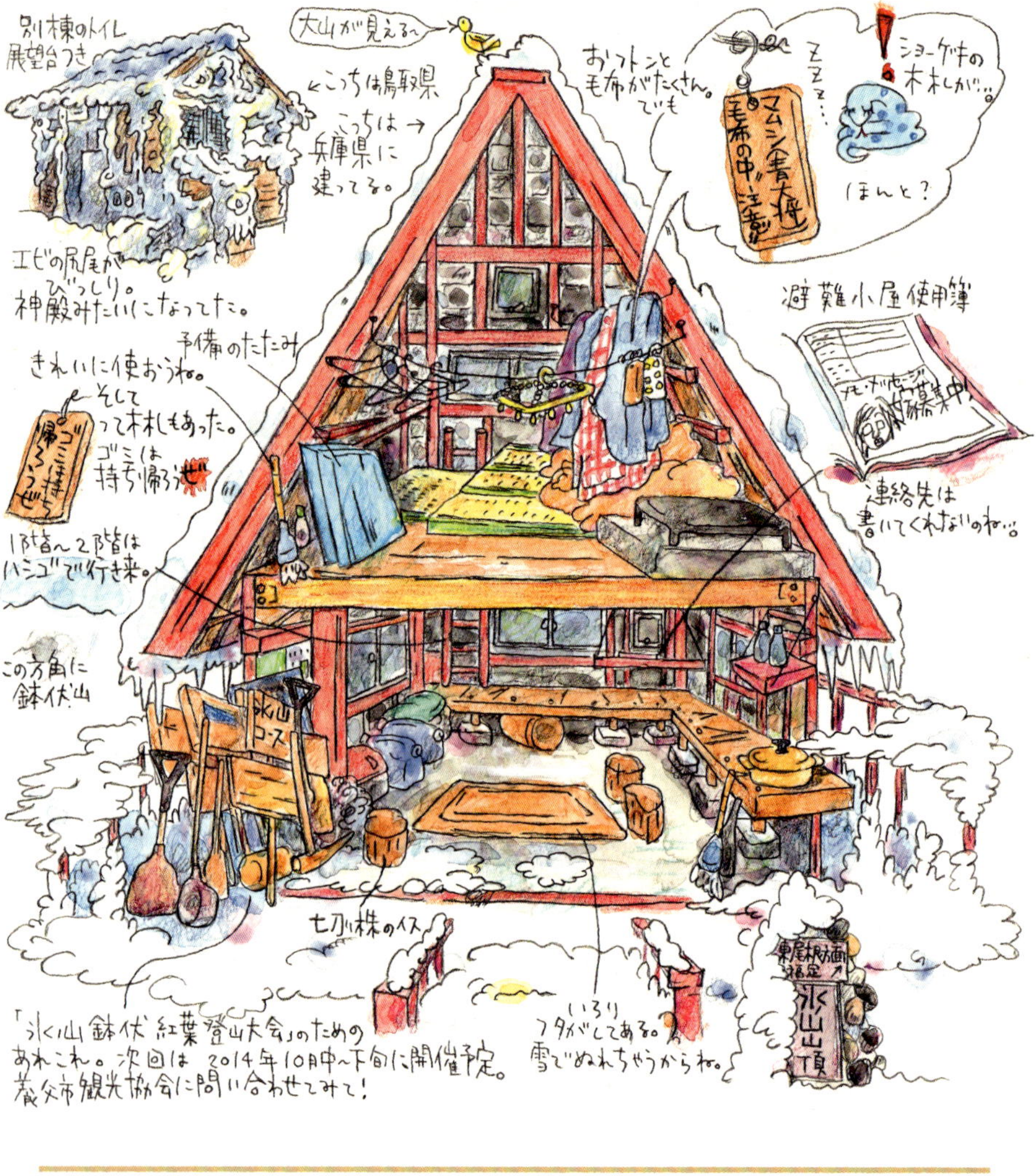

2014.1.5

※秋のイメージ
登山道途中には
落差65mの布滝や
地蔵堂がある。
雪かぶって
ケーキみたいに
なってた
地蔵堂
ここのお地蔵さんは
坐ってはります。
扇ノ山
赤倉山
鉢伏山
布滝
今回はここ
福定親水公園から
スタート
氷ノ山国際
スキー場
わかさ氷ノ山
スキー場
氷ノ山
氷ノ山（1509.6m）は
兵庫県の最高峰です
ひ〜
許して
寄り道した布滝で
モーレツなラッセルにハマる。
わかん持ってきて
正解でしたね…！
地蔵堂で追い抜いて
くれた単独行の男性
あラッセル
ありがと〜
単独行といえば
「孤高の人」加藤文太郎は
氷ノ山から扇ノ山に縦走中幻覚を見た
らしい。
おや木に飾りが。
七夕？そんなあほな。
なぜか突然のイケメンキャラ
氷ノ山越
ここにも
避難小屋
がある。
森の中で楽しそうに
コーヒーブレイクしてるグループがいたよ。
樹氷がきれいな稜線を進んでいく。山頂もーすぐ！

MOUNTAIN CABIN NO.48

氷ノ山山頂避難小屋

兵庫県の実家でのんびり正月を過ごし、天気が良さそうなので、氷《ひょう》ノ山《せん》に向かった。初めて登ったのは、紅葉の頃だが、その後も実家にいた時には、スキーのコソ練をしに何度か一人来た。山頂の避難小屋のことは知っていたけど、中に入ったことはなかった。

氷ノ山は昔、須賀《すが》ノ山《せん》・寿賀《すが》ノ山《せん》と言われていた。須賀、寿賀とは「きれいなこと」という意味だそうだ。豪雪地帯である兵庫県北部の山は、山陰型気候の影響をモロに受け、気象の変化が激しい。そのため避難小屋が多く、鉢伏《はちぶせ》山・氷ノ山周辺だけでも7軒の避難小屋がある。そのひとつ、この小屋は、１９６８年10月に、関宮町（２００４年養父市に合併）が建てた。

福定親水公園からゆっくりと登り始める。年末年始の大雪でトレースはなく、膝下ほどのラッセルが続いた。布滝へ寄り、森の中を進むと地蔵堂に到着。元々は旅人の休憩所として徳川時代に建てられた小屋だが、氷ノ山越《ごえ》にあった地蔵をここに移した。このあたりの避難小屋のルーツだろう。

地蔵堂を出ると、左手の木々の向こうに山頂が見える。この登山道は、かつて兵庫県と鳥取県をつなぐ街道だった。氷ノ山越は、その街道と山の稜線

DATA

所在地●氷ノ山山頂（1510m）。福定親水公園から氷ノ山越経由で5時間（無雪期3時間20分）
収容人数●30人
管理●通年無人、無料
水場●なし
トイレ●別棟にあり（冬季使用不可）
取材日●2014年1月5日
問合せ先●養父市観光協会氷ノ山鉢伏支部☎079-667-3113　http://hyounosenhatibuse.jp

の交差点のような場所にあり、ここにも避難小屋がある。

『単独行』の加藤文太郎は、たびたびこの山を訪れた。3月の終わりに氷ノ山から氷ノ山越を経由して扇《おうぎ》ノ山《せん》まで縦走しようとした。弁当一個で気軽に来たが、悪天でビバークをし、歩くうちに幻覚を見たと書いている。

氷ノ山越からは、広々とした稜線が続く。樹氷に覆われた木々の先に、青い空をバックに山頂がそびえ、ぴょこんと避難小屋が見えていた。稜線の森の中で4人組が楽しそうにお茶を飲んでいた。私が下山を予定している東尾根から登ってきたと言う。冬はこのコースから登る人が多いそうだ。

山頂直下のこしき岩を左から回り込んでひと登りすると避難小屋の前に出た。すぐ近くに鉢伏山があり、その先に蘇武《そぶ》岳や神鍋《かんなべ》山がかすんでいる。西を見るとうねうねと広がる山々の向こうに、三角形の大山《だいせん》が見えていた。

避難小屋はエビノシッポに覆われ「氷雪の宿」の佇まい。この年は冷え込みがきつく、私が訪れた後に山頂付近の樹氷はますます発達し、「モンスター」と呼ばれる巨大な樹氷群が見られるようになったと聞いた。

頂上台地の雪原は夕日に照らされていた。スキーの跡が無数にあったが、見渡すかぎり誰もいない。広々とした無人の山頂に立っていると、取り残されたような気分になった。そのとき翌日昼飯の約束をしていたKさんから電話。奈良県の観音峰下の温泉からだ。世の中便利になったもんやね。

MEMORIES

この山の冬の稜線があんなにきれいだとは知らなかった。白い山頂を見ながら、真っ白な樹氷のトンネルを歩くのだ。お茶していたのは、後に鳥取の登山ガイド、小林佳崇《よしたか》さんのグループと判明。あの時は遊びに来ていたみたい。

中国・四国
中国後山

MOUNTAIN CABIN
NO.49 駒の尾山避難小屋

2016.12.10

兵庫県～岡山県にある
後山連山。
岡山県
西粟倉村
黒岩峠
ダルガ峰 1163
駒の尾山 1281
鍋ヶ谷山 1253
舟木山 1334
後山 1344
笛石山 895
船木山登山口
河内川
兵庫県宍粟市
引谷川
吉野川
後山川
西山川
千種川
美作市
駒の尾山避難小屋
船木山登山口から。
"熊注"を念押しされ…。
熊出没
この絵コワイ…
クマ出没にご注意
最近の熊冬眠しないって聞くなぁ
びくびく…
稜線分岐から…。
駒の尾山 後山
まず東へ。
船木山あたり、展望いいそう。
瀬戸内海見たかった…
後山 宍粟市 瀬戸内海
船木山（1334m）
NO.4
後山の山頂には緊縛の祠が！
ぽつねん
寂しそうやね
標高、2014年に修正したそう。
後山（1345m）
NO.3
分岐に戻り、西へ。
霧氷の森を歩いていくと…。
あっこら！
ひょい
あ！
きれ～い
駒の尾山の山頂、意外に人が…。
これからどちらまで？
なるほど！
黒岩峠から一時間で来れるんですよ
後ろまっ白よ？
い～の家の方向鳥取
あっち
駒ノ尾山頂
避難小屋でお昼食べて下ります
撮りますよ
布野さん
伊吹さん
吉田さん
鳥取グループ
敷保さん夫妻
平田勇次さんと
愛犬ピノチが！
ラブラドールとポインターのミックスですよ
ちょっと落ちつきなさい
かわいい何犬ですか？
ぶんぶん
エヘヘ
一瞬です…。
さっ
つながれちゃった…。

MOUNTAIN CABIN NO.49

駒の尾山避難小屋

兵庫県の実家に帰ったときに地図を広げ、比較的近いこの山に向かった。

中国地方に広がる、氷《ひょう》ノ山《せん》後山《うしろやま》那《な》岐《ぎ》山《さん》国定公園のなか、兵庫県から岡山県にかけて後山連山がある。駒《こま》の尾《お》山はその西端に位置し、山頂直下に避難小屋が立っている。

１９７７年、国定公園内に中国自然歩道を整備した際、駒の尾山北にあるダルガ峰避難小屋と合わせて岡山県が建設した。当時は登山道がなかったので、ヘリで資材を運び、小屋の建設と同時に登山道を整備した。登山道は、その後99年から２０００年にかけ西粟倉村が整備し、歩きやすくなった。山脈南側の船木山登山口から登り始めた。駐車場や登山口など、あちこちに「熊出没注意」の看板がある。

植林の森から沢沿いの冬枯れの森に入る。登山道の黄色い枯れ葉の上を白い雪がうっすらと覆い、高度が上がると雪の白さが増していった。静かな登山道を１時間ほど登ると、稜線に出た。西に駒の尾山があり、東には岡山県の最高峰、後山がある。後山をピストンしてくることにした。

DATA

所在地●氷ノ山後山那岐山国定公園にある後山連山の西、駒の尾山（1281m）の山頂東側直下（1270m）。東側の船木山登山口から船木山、鍋ヶ谷山経由で2時間。西側、黒岩峠からは1時間

収容人数●10人

管理●通年無人、無料

水場●なし

トイレ●なし

取材日●2016年12月10日

問合せ先●岡山県西粟倉村役場産業観光課☎0868-79-2111

この尾根からは、麓の兵庫県宍粟《しそう》市や、瀬戸内海が一望できるようだが、あいにく、あたり一面、白いガスだ。後山の山頂からも展望は得られず、なぜかブルーシートに包まれた祠が寂しげに立っていた。

分岐に戻り、西へ。緩やかなアップダウンを繰り返し進んだ。相変わらず白いガスに取り囲まれているが、時折、これから進む駒の尾山への稜線が姿を見せる。白い登山道と白い空、木々の木肌が水墨画のようで、その先は白い霧氷に覆われている。ふいに目の前に一匹の犬が飛び出した。ご近所の平田さんは、ときどき愛犬のピチと散歩登山をするそうだ。

駒の尾山避難小屋を過ぎ、3分も進むと山頂だ。ここまでが静かな登山だったので、山頂に人がいて驚いた。

鳥取から来た3人組は、山頂西の黒岩峠にある駒の尾登山口から登ってきたそうで、ここまでは1時間くらいだったと教えてくれた。そう話しているうちに、黒岩峠方面から、姫路から来たご夫婦も登ってきた。気軽に登れるから人気がある山なんだろうね。

下山後、避難小屋や山のことを、麓の西粟倉村役場の白籏《しらはた》さんに聞いた。駒の尾登山口からの登山道は、遊歩道のように歩きやすいと話してくれた。

ところで、白籏さんの「籏」の字は、写真家の白籏史朗さんと同じで、とっても珍しい。もしやご親戚かなにか？

MEMORIES

役場の白籏さんのお名前にびっくり。かつて写真家の白籏史朗さんのところに、珍しいこの白籏姓のルーツを探る「白籏さん」が訪ねてきたのだとか。でも役場の白籏さんのご近所・ご親戚には「白籏さん」多いんだそうだ。

MOUNTAIN CABIN

NO.50 大山頂上避難小屋

2014.12.8

六合目の避難小屋
ここを過ぎると風が出てきたなあ。
登山口の地蔵は笑顔なのだ。
「伯耆富士」と
呼ばれる大山……
夏山登山口から
スタート
スキー場
大山寺
阿弥陀堂
宝珠山
元谷小屋
三鈷峰
野田ヶ山
六合目避難小屋
ユートピア小屋
北壁
大山頂上避難小屋 夏の…
弥山
1709m
剣ヶ峰
1729m
天狗峰
槍ヶ峰
頂上の小屋
モンスターになってましたよ～。
岡山から来た河本さん夫妻
って途中で聞いた。
…というより
神殿みたいだった。
山頂
ここはどこ?! パルテノン神殿。
こりゃなんだ?
特別出演 古代の人
説明しよう!
大理石の柱。ではなくて風力発電の支柱のなごり
今は使っとらん。
ザックをあけたら
チャラララ～ン
ごっさん
とっておきの
芋焼酎があぁ…。
乾かしましたとも、ええ…。
飲んでないのに
ポーッとしてきちゃった
なんか別世界の歌
翌朝7時すぎ
日の出とともに
弥山山頂へ。
もしかして救助…?
下山をためらっていると
登山者が2人、登ってきた。

MOUNTAIN CABIN NO.50

大山頂上避難小屋

うーん天気よくならないなぁ……となかなか出発できなかったが、やっと雪がやんだ。大山《だいせん》に来るのは3度目。最初は冬に北壁を登りに来て敗退し、2度目は暑い夏に来た。

別名「伯耆《ほうき》富士」と呼ばれ、四季を通して登られるこの美しい山は、冬には厳しい登攀対象となる。それだけに西日本のクライマーに親しまれている。

気象変化が激しいので、付近には5つの避難小屋がある。現在の頂上避難小屋は4代目。大正10（１９２１）年、山頂から西に５００ｍほどの場所に初代の避難小屋が建てられた。現在では、正面登山道上に、３畳ほどの石室として残っている。１９４３年には現在の場所に気象庁の測候所が建てられ、その後避難小屋として利用されるようになった。59年に一度建て替えられ、85年に再度建て替えられた。

ワカンを持っていくか迷ったが、下山してきた人に聞くと必要なさそうだ。登り始めると深い雪にはしっかりとトレースがある。天気を待って登りに来た人が私のほかにもたくさんいるのだ。

登山口から続くブナ林は西日本最大だそうだ。夏に見た瑞々しい緑の森は、

DATA

所在地●大山頂上台地、弥山（1709m）直下（1699m）。北北西の大山寺から夏山登山道を登り3時間

収容人数●50人

管理●無料、冬季は無人。4月下旬～11/23は売店が営業。不定休。売店問合せ先☎0859-52-2818（チロル＆白樺）

水場●なし

トイレ●小屋内にあり。4月下旬～10月下旬は水洗トイレも使用可能

山行日●2014年12月8～9日

問合せ先●鳥取県西部総合事務所生活環境局生活安全課☎0859-31-9320

モノトーンの森に変わり、しんと静まりかえる。枝の霧氷は登るにつれて大きく育ち、振り返ると白くなったこずえの間に日本海。海岸で風力発電の風車が回っているのが見えた。六合目の避難小屋を過ぎ、頂上台地に出ると麓の学校のチャイムが聞こえ、それを境に急速に暗くなった。

避難小屋は真っ白なエビノシッポに覆われ、まるでギリシアの神殿のよう。頂上はすぐそばだけど、明朝行こうと、小屋に入った。

ザックの中で古いプラボトルが割れて、中の焼酎のほとんどが台なし。泣く思いでツエルトの中で服を乾かし、早々に眠った。夜中に目を覚ますと広い小屋はガタゴトと音をたて、倒れるんじゃないかと思うほど。どうか朝にはからっと晴れてくれますように。

願いもむなしく翌朝は吹雪。弥山《みせん》山頂を往復し、小屋に戻った。

さてと小屋からの下山だ。小屋のまわりはだだっぴろい頂上台地。夏にはダイセンキャラボクの中に木道があり、道に迷うことがないが、白いガスと雪に取り囲まれ、下山する方向がわからない。あきらめて戻りかけると雪の深みにはまった。ピーンチ！

やっとの思いで小屋に戻り、どうしようかと外を見ていると、吹雪の中に2つの人影。ままま、まさか私を助けに来てくれたの？

もちろん救助なんかではありません。
こんなもんでしょ冬の大山
だそうです。
米子クライマーズクラブのTさんとNさん

MEMORIES

夏に見た小屋とあまりに違うので、到着した時びっくり。神殿みたいってのは、盛ってないからね！　そしてこの後1月、今度はガイド仕事で再訪し、さらにびっくり。屋根まで雪に埋まって、入り口までトンネルが掘られていた！

MOUNTAIN CABIN
NO.51 三嶺ヒュッテ

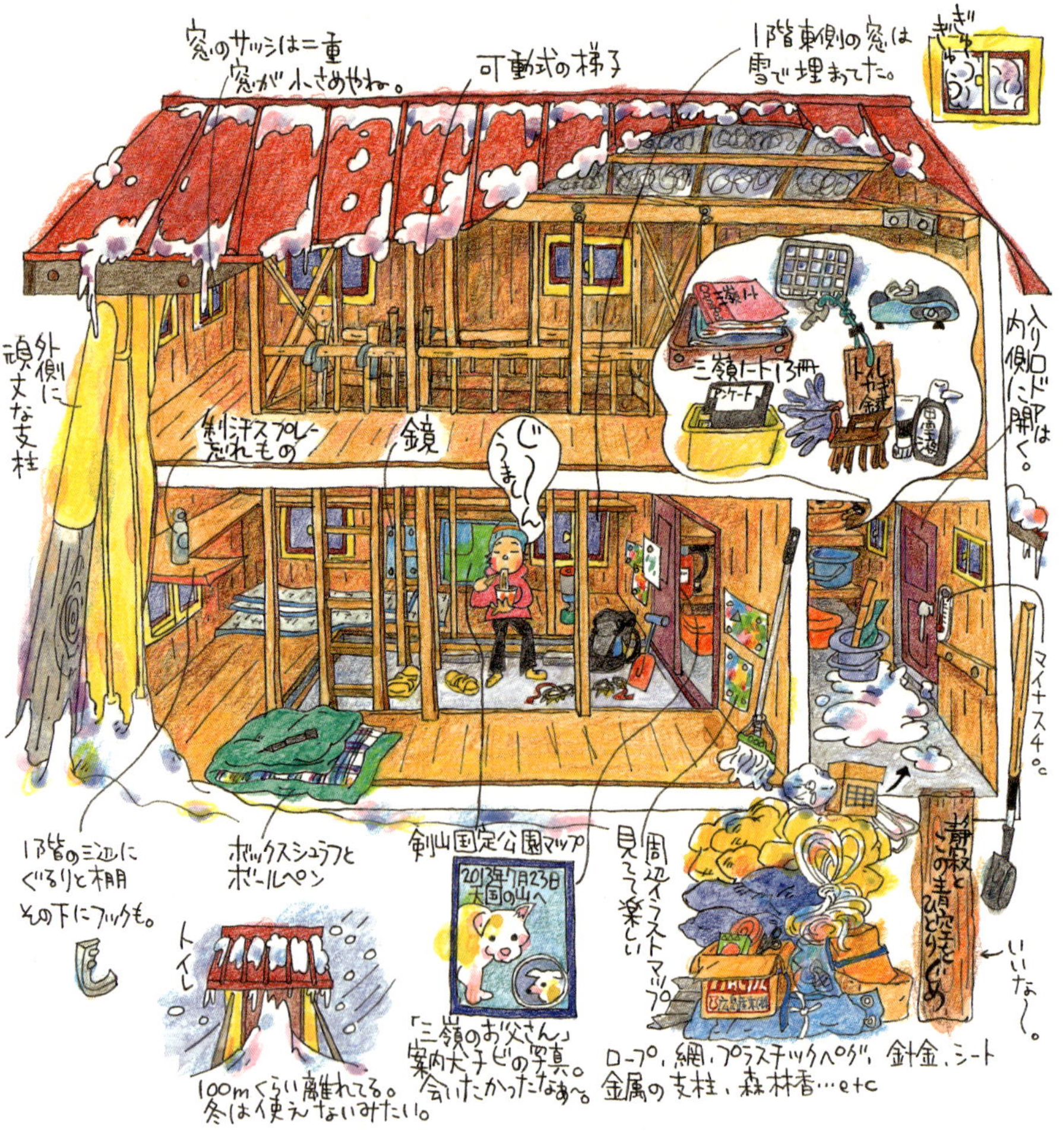

2015.2.13

登山口の名頃は『かかしの里』
夜着いたの。
こ…こんな夜中にどちらまで？
こわい
名峰 剣山の西、
3つのピークが屹立する三嶺……。
吉野川
阿波池田
辻
貞光
JR土讃線
中津山
矢筈山
名頃
三嶺 1894m
剣山 1955m
天神丸
平家平
白髪山
徳島では「みうね」
高知では「さんれい」と呼ぶ。
夏は雲上の楽園だそうだ。
三嶺ヒュッテ
ガガガ…
あ…きつつき
ダケモミの森、静かだったなあ…。
その。きつつきの作品がこちら
わ〜お菓子みたい
このへん穴あいてる
頂上台地下のブッシュを直登。
ハマッた！
ひぇ〜
トラバースするのが正しいらしい。
雪崩そだったの。
大岩を過ぎて
山頂行くか
すごく迷ったんだけどさ〜。
うっすら見えてた山頂
山頂へ 300m
ヒュッテ
しのびよるホワイトアウトのヴェール
ゴー
トイレ遠くね？
入れてくれて〜
カンカンカーン
鳴りつづける鐘
これぞまさしく避難小屋！

MOUNTAIN CABIN NO.51

三嶺ヒュッテ

四国ってあったかい所じゃなかったの？　登山口の駐車場で車中泊をしていると雪が降り始め、そう思った。朝になっても雪はやまず、迷った末に出発した。ダメだったら途中で引き返そう。

三嶺《みうね》という山名は、３つの畝《うね》が連なることからその名がついた。山麓には自然豊かな原生林が広がり、標高が上がると天然記念物であるミヤマクマザサやコメツツジが見られる。

たおやかな山では気象の変化を読みづらく、雷や風から隠れる場所が少ない。そのため避難小屋が多く、このあたりもそう。現在の三嶺ヒュッテは３代目。１９６１年に初代の小屋が建てられ、82年に老朽化により建て替えられた。99年、劣化したうえに突風を受けたため破損し、一時利用できなくなったが、２０００年に現在の小屋が完成した。

登山道から植林の森を進むと、林道を渡る。夏はここまで車で入れるようだ。そこからはリョウブやシデ、ミズナラの落葉樹の森が広がり、やがて緑の葉に重そうな雪を乗せたダケモミ（ウラジロモミ）の森に変わる。相変わらず雪は降り続き、雪が音を吸い込むように静かだ。時折、キツツキが木を

DATA

所在地●徳島県と高知県の県境、三嶺（1894m）の頂上台地上（1844m）。徳島県側、名頃駐車場からラッセルで6時間30分（無雪期コースタイム3時間15分）
収容人数●30人
管理●通年無人、無料。小屋と周辺の整備は地元のNPO法人三嶺の自然を守る会、三嶺の森をまもるみんなの会が行なっている
水場●なし
トイレ●小屋外にあり
山行日●2015年2月13日
問合せ先●三好市役所観光課☎0883-72-7620

たたき、静寂を破る。

緩やかに標高が上がり、大岩の横を回り込むと、雪原に出た。正面には岩混じりのブッシュがあり、その下の雪面を左上して稜線に出て、頂上台地に行くようだ。広い頂上台地に避難小屋があり、少し登って山頂だ。

がしかし、この雪面大丈夫？　雪はますます強くなり、雪崩そうやんか。ブッシュを直登する方がいい気がする。

背の低い灌木をつかんだりしながら直登していくと、傾斜が強くなり、岩場やキノコ雪が出てきた。ははは……なんか思った以上に大変。

頂上台地は吹雪で、避難小屋の入り口は雪で埋もれていた。スコップ持ってきてよかった。やっとこさ中に入った私は、雑巾のようだった。ゆっくり過ごしたかったが、頂上へ行くのはあきらめ、そのまま下山を決めた。下山道への分岐から300mで山頂との標識があったけど、東の空から真っ白なガスが迫ってきていたのだ。

あぁ……また行かねば。この山には根強い三嶺ファンがいるのだそうだ。小屋はそういった人々がきれいに整備をしている。後日「三嶺の自然を守る会」の暮石洋さんに、「7月にはコメツツジが咲きますよ。そのころにぜひ」と言ってもらった。

ところで、今か？って時にとんでもないこと思い出すことないですか？

MEMORIES

なんの根拠もなく、四国の山は暖かいだろと思ったら、とんでもなかった。森は静かできれいだった。剣山まで縦走したいなぁ。というか、山頂に行かなかったのはやっぱり残念。名頃集落のかかしは現在100体ほどだとか。

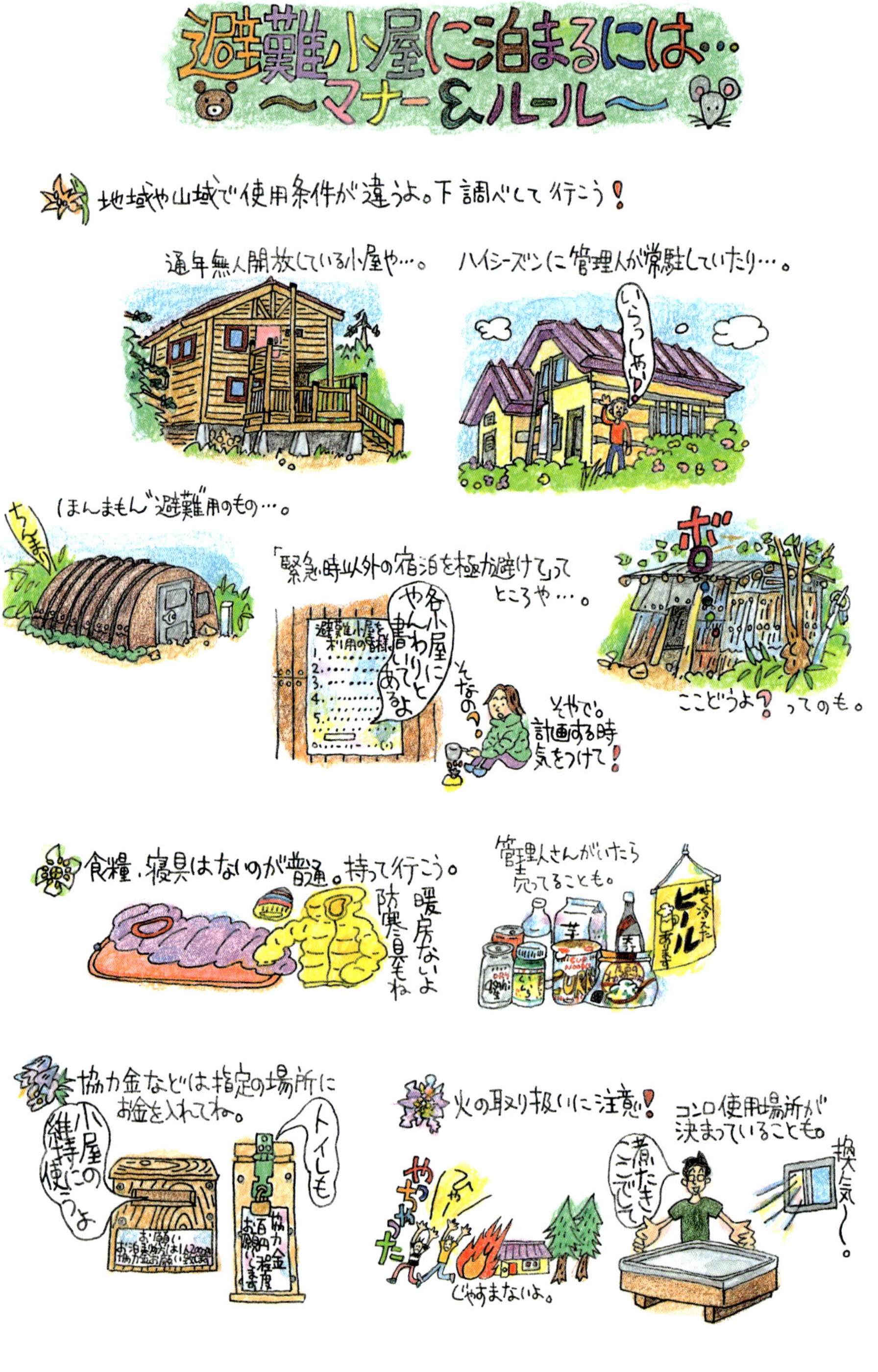
避難小屋に泊まるには…
〜マナー&ルール〜
地域や山域で使用条件が違うよ。下調べして行こう!
通年無人開放している小屋や…。
ハイシーズンに管理人が常駐していたり…。
いらっしゃい!
ほんまもん"避難"用のもの…。
ちんまり
「緊急時以外の宿泊を極力避けて」ってところや…。
避難小屋を利用の皆様へ
各小屋にやんわりと書いてあるよ
そなの?
そやで。計画する時気をつけて!
ボロ
ここどうよ?ってのも。
食糧、寝具はないのが普通。持って行こう。
暖房ないよ
防寒具もね
管理人さんがいたら売ってることも。
よく冷えたビールあります
協力金などは指定の場所にお金を入れてね。
小屋の維持に使うよ
お願い
トイレも
協力金 百円程度 お願いします
火の取り扱いに注意!
やっちゃった
ひゃ〜
じゃすまないよ。
コンロ使用場所が決まっていることも。
煮たきここでして
換気〜。

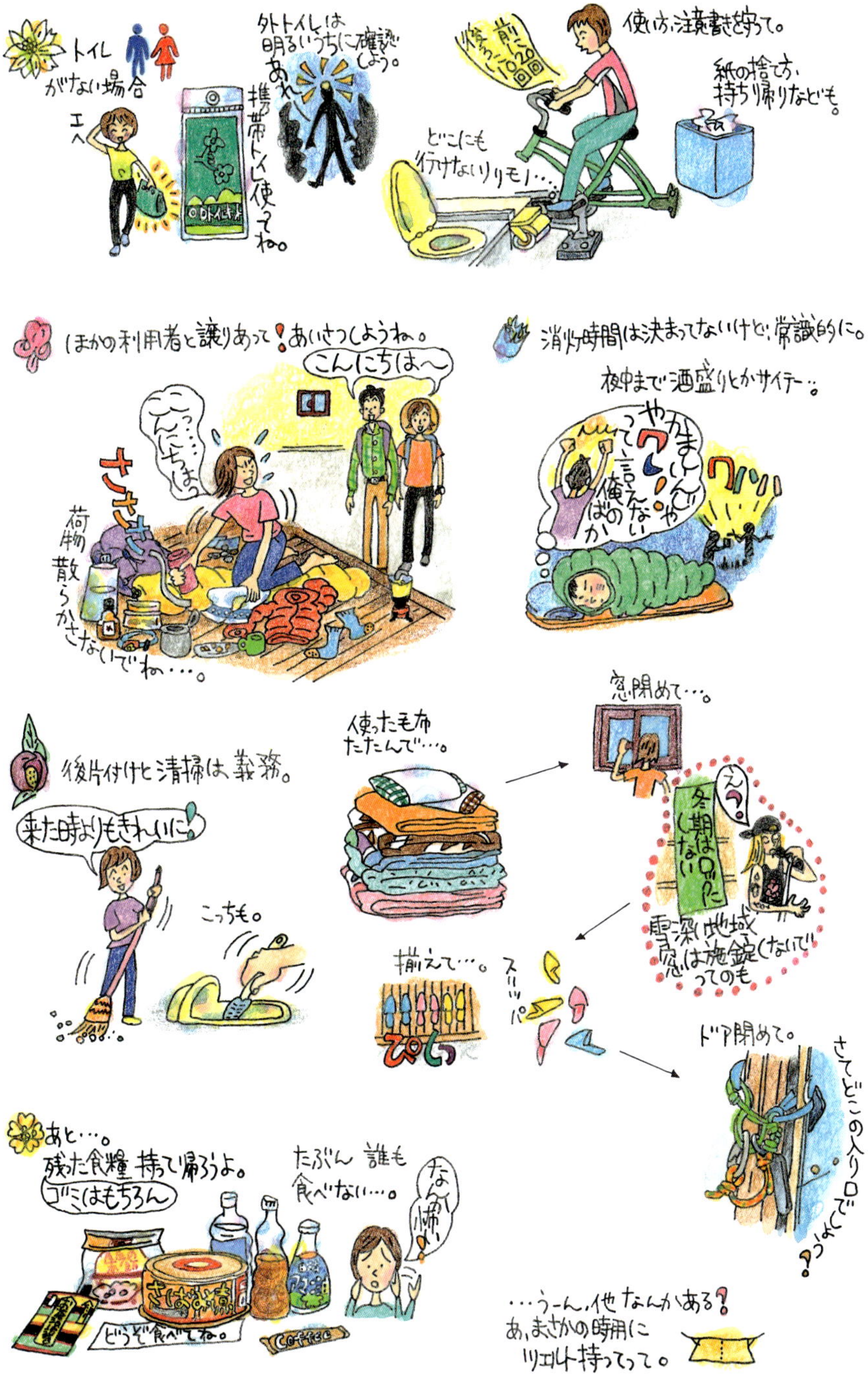
トイレがない場合
エヘ
携帯トイレ使ってね。
外トイレは明るいうちに確認しよう。
あれ
使い方、注意書きを守って。
前に20回
後ろに10回
紙の捨て方、持ち帰りなども。
どこにも行けないノリモノ…
ほかの利用者と譲りあって！あいさつしようね。
こんにちは〜
こっ…こんにちはっ
ささっ
荷物散らかさないでね…。
消灯時間は決まってないけど、常識的に。
夜中まで酒盛りとかサイテー…。
ん〜
やかましいんじゃ〜!!
って言えない俺のばか
ワハハ
後片付けと清掃は義務。
来た時よりもきれいに！
こっちも。
使った毛布たたんで…。
窓閉めて…。
え？
冬期はロックにしない
雪深い地域 窓は施錠しないでってのも
揃えて…。
スリッパ
ぴしっ
ドア閉めて。
さてどこの入り口でしょう？
あと…。
残った食糧持って帰ろうよ。
ゴミはもちろん
たぶん誰も食べない…。
なんか怖い
どうぞ食べてね。
Coffee
…うーん、他なんかある？
あ、まさかの時用にツエルト持ってって。

あとがきにかえて

避難小屋のことを書きたいと考えたのは、『山と溪谷』の取材で東北の葛根田《かっこんだ》川を遡行し、八瀬森《やせもり》山荘に泊まった時のことだ。この避難小屋の居心地のよさに惹かれ、ほかの避難小屋のことも知りたくなった。

門内《もんない》小屋の高桑信一さんに小屋の歴史にも触れたほうがよいと言われたので、毎回、地元の役所の方に歴史を聞いた。わからないことも多く、資料をひっくり返して山岳会などに連絡を取っていただいた。小屋づくりと維持は、多くの人の情熱と労力に支えられていることに驚いた。

連載は自分でやりたい！と言ったくせに、私は描くのが、人に言えないほど遅かった。その都度アドバイスをくれた編集部の神谷くんの言葉に肩の力が抜け、描けるようにな

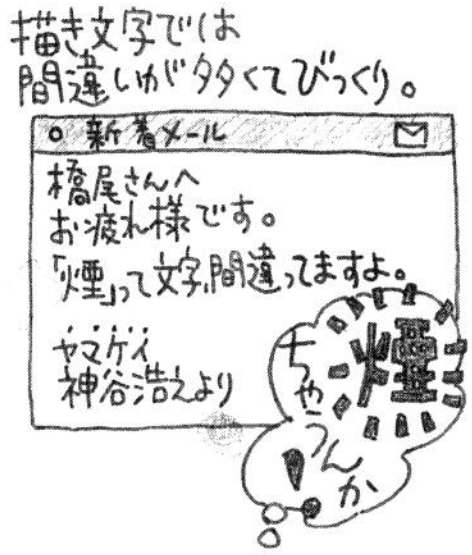

った。また、デザイナーの若井さんマジックには
いつも驚かされた。それぞれのカットに「小さく」
「やや小さくして左の絵にくっつけて」「極小に」
などと私が書いた指定は、後から自分で見ても意
味不明だったのに、きちんとページに収まったレ
イアウトができあがってきた。

連載中、不思議と知らないエリアの避難小屋の情報が入ってきた。普段は行かない場所に行き、ついでにまた別の避難小屋にと、行き当たりばったりの旅をすることもあった。山行中、出会った人たちとは楽しい時間を共有し、お話を聞かせてもらった。また快く山行に付き合ってくれた友達もいた。

連載で触れ合った方々、楽しかったこの山行日記を読んでくれたみなさま、連載と本作りを支えていただいた編集部のみなさま、本当にありがとうございます。またどこかの避難小屋で！

本書は、『山と溪谷』２０１４年４月号～２０１８年５月号に掲載した「それいけ避難小屋」を基に、加筆・訂正を行なって再構成したものです。

Ｎｏ．20「駒の小屋」と「避難小屋に泊まるには」は描き下ろし。